地方自治法
よく出る問題
123問

頻出テーマを徹底分析／実戦力・問題対応力養成

公法問題研究会編

公職研

はじめに

　本書『地方自治法よく出る問題123問』は、平成22年の初版発刊から令和元年に10年目の節目を迎え、その後第5次・第6次と改訂を重ねて今回第7次の改訂版を発刊することとなりました。地方自治体の昇任試験を受験する多くの皆様が支え、育てていただいたお陰です。ここに、改めて本書をご購読くださった方々に心から感謝申し上げます。私どもにとっても、長い間、多くの皆様の昇任試験の受験・合格のお役に立ってこられたことを、嬉しく、誇りに思っています。この感謝と喜びと誇りを糧に、一層多くの昇任試験受験者の皆様のお役に立てるよう、精進してまいろうと決意しております。

　第7次改訂版におきましては、新たに、姉妹編である『昇任試験必携　地方自治法のポイント整理とチェック』（公職研）の対応ページを付記するようにしました（末尾の枠囲い参照）。姉妹編はポイントを絞り込んで解説するという性格の本ですので、全ての問題・選択肢に対応ページがあるとは限りませんが、本書の問題を解いた際に姉妹編のページもご覧いただくことで、関連する必須の知識の整理をしていただきたいと考えています。

　また、脱稿時に把握し得る範囲で第6次改訂版発刊以降の地方自治法の改正（令和6年4月1日までに施行される事項）を取り込むとともに、読者の皆様からお寄せいただいたご意見を反映させるなど、問題・解説の記述のブラッシュアップも行っております。

　令和6年4月1日までに施行される主な事項は、①収納事務を広く私人に委託し得る指定公金取扱者制度の導入、②議会への議案提出等のオンライン化などです。これらについては、出題の可能性を考えつつ必要な範囲で、問題に新たに取り入れたり、解説部分でポイントを付記したりしています。

　最後になりますが、本書が、多くの皆様に有効に活用いただき、昇任試験の合格を勝ち取っていただくよう、祈っております。

　　令和6年2月

　　　　　　　　　　　　　　　　　　　　　　　　公法問題研究会

【本書の基本的考え方】

① 実際に出題された昇任試験問題を分析し、繰り返し出題される分野及びテーマを把握し、「試験によく出る問題」を集める。その際、問題の肢一つひとつを高頻出なものとすることで、短い時間で効率的に勉強を進めることができるようにする。
② ①を踏まえ出題頻度の高い分野・テーマ順に、問題を配列（類書は地方自治法の章立てに沿って問題を配列しているものが多い）。
③ 問題ごとに「難易度」を表示することで、勉強の深度をご自身で知ることができるように工夫する。
④ 姉妹編『昇任試験必携　地方自治法のポイント整理とチェック』の対応ページを右頁の上部に付記し、「解説」でカバーしきれない関連知識の整理に役立てる。

《問題1》———普通地方公共団体の契約①

難易度★★★

普通地方公共団体の契約手続に関する記述として、正しいものはどれか。

1　一般競争入札は、不特定多数の入札参加者の競争によって契約の相手方を決める方法であるので、入札参加者の経営の規模等に関する資格を定めることはできない。

2　普通地方公共団体が一般競争入札により契約を締結しようとする場合には、必要があると認めるときは、入札保証金を納めさせることができる。

3　落札となるべき同じ価格の入札をした者が2人以上ある場合には、再度の入札を行うことによって落札者を決定しなければならない。

4　競争入札で入札保証金を納付させた場合に、落札者が契約を締結しないときは、納付された入札保証金は当該普通地方公共団体に帰属する。

5　競争入札の入札者は、入札書を提出した後、開札前であれば、提出した入札書の書換え、引換え又は撤回をすることができる。

●解説

　普通地方公共団体の契約手続については、地方自治法施行令に詳細が定められている。契約手続については実務的な問題も出題されるので、基本的な事項については、地方自治法施行令についての理解が必要である。

1　誤り。一般競争入札に参加する者に必要な資格として、あらかじめ、従業員の数、資本の額その他の経営の規模及び状況を要件とする資格を定めることができる（施行令167条の5）。

2　誤り。普通地方公共団体は、一般競争入札により契約を締結しようとするときは、入札に参加しようとする者に対し、規則で定める率又は額の入札保証金を納めさせなければならない（施行令167条の7第1項）。なお入札保証金の納付は、国債・地方債等の長が確実と認める担保の提供をもって代えられる（同条2項）。

3　誤り。落札となるべき同価の入札をした者が2人以上ある場合には、直ちに、当該落札者にくじを引かせて落札者を定めなければならない（施行令167条の9）。

4　正しい。法234条4項。

5　誤り。競争入札の入札者は、入札書を提出した後、提出した入札書（当該入札書に記載すべき事項を記録した電磁的記録を含む）の書換え、引換え又は撤回をすることはできない（施行令167条の8第3項）。

正解　4

* 「P&C 参照ページ」は、選択肢の内容に関する『昇任試験必携　地方自治法のポイント整理とチェック』の対応ページを示しています。

《問題２》────普通地方公共団体の契約②

（難易度 ★★）

　普通地方公共団体の契約に関する記述として、正しいものはどれか。

1　価格以外の技術的な要素を評価の対象に加える総合評価競争入札を導入すると、入札手続に恣意性が入り込む余地が少なくなる。

2　競争入札に対して入札者がいないとき又は再度の入札に付し落札者がいないときは、任意に相手方を選んで契約する随意契約を締結できる。

3　せり売りは、入札ではなく口頭や挙動によって、はじめから金額が公開されながら最終的に価格が決定される方法であり、不動産と動産の売払いについて行われる。

4　翌年度以降にわたり物品の借入れ又は役務の提供を受ける契約である長期継続契約は、債務負担行為として予算に定めることにより締結できる。

5　入札参加者が一般競争入札に付す必要がないと認められるほど少数であるときには、任意に相手方を選んで契約する方法である随意契約ができる。

●解説

　普通地方公共団体の契約の方法としては、一般競争入札、指名競争入札、随意契約、せり売りがある（一般競争入札が原則、その他の方法は特定の場合に限り認められる）が、これらの基本的内容などは、出題頻度が高い。また、長期継続契約、総合評価競争入札も重要である。

1　誤り。価格以外の技術的な要素の評価には幅があるので、総合評価競争入札を導入すると、入札手続に恣意性が入り込む余地が生まれる。

2　正しい。随意契約は、任意に相手方を選んで契約する方法であり、競争入札に適しない場合や、不可能な場合などに行われる（施行令167条の2第1項8号）。

3　誤り。前半は正しい。せり売りは動産の売払いのうち、この方法が適しているものについて行われ、不動産については行われない（施行令167条の3）。

4　誤り。長期継続契約（電気、ガス又は水の供給・電信電話に係る契約、不動産を借りる契約等）は、債務負担行為として予算に定めることなく、翌年度以降にわたって契約を締結することが認められている（法234条の3）。

5　誤り。随意契約ができるのは、競争入札に付し入札者がいないとき等であり、肢の場合には、指名競争入札が行われる（施行令167条2号、167条の2第1項8号）。そのほかの指名競争入札によることができる場合は、以下のとおり。
　　①契約内容の性質・目的が一般競争入札に適しないものである場合
　　②一般競争入札に付することが不利と認められる場合

正解　2

《問題３》──普通地方公共団体の契約③

難易度 ★★

普通地方公共団体の契約に関する記述として、正しいものはどれか。

1 　普通地方公共団体が締結する私法上の契約は、普通地方公共団体が私人と同等の地位において行うものであるが、公共性があるので民法その他の私法は適用されない。

2 　普通地方公共団体の長が、一定の範囲の契約事務を、当該団体の職員に委任して処理させる場合には、受任者は長の名で契約を締結する。

3 　契約の目的に応じ、予定価格を定めた場合には、予定価格の制限の範囲内で最高又は最低の価格をもって申込みをした者以外の者を契約の相手方とすることはできない。

4 　緊急の必要により一般競争入札ができないときは、あらかじめ指名された特定の複数の者が参加する指名競争入札によることができるとされている。

5 　工事又は製造の請負の契約を締結しようとする場合、特に必要があると認めるときは、あらかじめ最低制限価格を設けることができる。

●解説

　普通地方公共団体が締結する私法上の契約は、私法規定が適用され、契約事務を委任した場合には、受任者が自己の名において契約を締結する。予定価格、最低制限価格についても、理解しておく必要がある。

1　誤り。普通地方公共団体が締結する契約であっても、私法上の契約であれば、契約自由の原則など民法その他の私法は適用される。

2　誤り。長は委任した範囲内において職務権限を失い、委任を受けた職員の職務権限となるので、受任者の名において契約を締結する（法153条１項）。

3　誤り。支出の原因となる契約については、政令の定めるところにより、最低の価格をもって申込みをした者以外の者を契約の相手方とすることができる（法234条３項ただし書）。具体的には請負契約につき、最低の価格で申込みをした者では契約内容に適合した履行がされないおそれがあると認めるとき等（施行令167条の10第１項等）。

4　誤り。緊急の必要により一般競争入札に付することができないときは、指名競争入札に付することも困難であり、随意契約に付することができる（施行令167条の２第１項５号）。

5　正しい。この場合には、予定価格の範囲内で最低制限価格以上の価格をもって申込みをした者のうち最低の価格をもって申込みをした者を落札者とすることができる（施行令167条の10第２項）。

正解　5

財務・会計

《問題4》———予算の原則

難易度 ★★

予算の原則に関する記述として、正しいものはどれか。

1 全ての収入及び支出を一会計の下に経理する単一予算主義では、例外として補正予算を設けることのみが認められている。

2 一会計年度の歳出は当該年度の歳入をもって充てるべきとされる会計年度独立の原則には、実際の財政運営に適合させるため、例外が認められている。

3 予算が成立したとき長にその要領を住民に公表することを義務付けている予算公開の原則では、歳入予算の公表は任意とされている。

4 一時借入金や基金の管理上の収支も、一会計年度の一切の収入支出を歳入歳出予算に編入することとする総計予算主義の例外ではない。

5 予算の事前議決の原則とは、条例その他の案件が新たに予算を伴うときは、予算措置が講ぜられる見込みが得られるまでの間は、当該案件を議会へ提出しないことをいう。

　予算に関する原則として、①総計予算主義の原則、②単一予算主義の原則、③予算統一の原則、④会計年度独立の原則、⑤予算の事前議決の原則、⑥予算公開の原則があるので、内容を理解しておく必要がある。

1　誤り。単一予算主義の原則は、財政全体の把握を容易にすることにより、財政の膨張を防ぐことを目的とする。ただし、その例外として特別会計と補正予算がある。

2　正しい。例外として、①継続費の逓次の繰越し、②繰越明許費、③事故繰越し、④過年度収入、⑤過年度支出、⑥前年度剰余金の繰入れ、⑦翌年度歳入の繰上充用が認められている。

3　誤り。予算公開の原則には、その内容は限定されていないので、歳出予算、歳入予算とも公表の対象とされる（法219条2項）。なお、財政状況の公表を年2回以上住民に行う旨の規定がある（法243条の3第1項）。

4　誤り。総計予算主義の原則は、歳入歳出に一覧性を与え全体の通観を容易にすることができる方法として歳入と歳出を混交しないものであるが、一時借入金の収入歳計剰余金の基金への編入等は例外とされている。

5　誤り。予算の事前議決の原則とは、予算を年度開始前に議会に提出し、議決を経ねばならないことである（法211条1項）。例外として、原案執行予算（法177条2項）がある。

正解　2

《問題5》——予算の種類

難易度 ★

予算の種類に関する記述として、正しいものはどれか。

1 本予算が成立したときは、暫定予算は効力を失い、その暫定予算に基づく債務の負担があるときは、その債務の負担は、本予算に基づく債務の負担とみなされる。

2 補正予算とは、一会計年度のうちの一定期間について調製するもので、本予算が成立するまでの間の歳入歳出を規定するものである。

3 暫定予算とは、当初予算の調製後に生じた事由により、既定の予算に追加その他の変更を加える必要が生じたときに調製する予算である。

4 補正予算を調製するのは、既定の予算に追加を行う必要が生じた場合であり、予算の補正は、減額を目的とすることはできない。

5 年度の途中の長の選挙など、年間を通じる予算を編成することが困難な場合に、差し当たり必要最小限の経費だけを計上した骨格予算は、議会の議決を経る必要はない。

●解説

　予算の種類には、当初予算、補正予算、暫定予算、骨格予算があるが、一会計年度のうち一定期間について調製する暫定予算と、既定の予算に追加・変更を加える際に調製する補正予算が特に重要である。

1　正しい（法218条3項）。本年度予算の成立後は、暫定予算の残額からの支出はできないとされている。

2　誤り。肢の内容は、暫定予算の説明である。補正予算は、予算調製後に生じた事由により既定予算に過不足が生じ、またその内容を変える必要が生じた場合に、既定の予算を変更する予算である（法218条1項）。

3　誤り。肢の内容は、補正予算の説明である。暫定予算は、年度開始前までに予算が議決されない場合に、本予算が成立するまでの一定期間に係る予算である（法218条2項・3項）。

4　誤り。補正予算は、既定の予算に追加その他の変更を加えることである。このうち、追加は予算の増額を目的とするものであり、変更とは成立した予算内で科目の変更又は金額の減少を目的とするものである（法218条1項）。

5　誤り。骨格予算はしばしば編成されるが、予算であることには変わりなく、議会の議決を経て成立する（法96条1項2号）。

正解　1

《問題6》———予算の内容等①

予算の内容等に関する記述として、正しいものはどれか。

1　予算は、一般会計と特別会計に区分され、特別会計は、地方公営企業法等、特別法に定めのあるものも含め、全て条例により設置しなければならない。

2　継続費の毎会計年度の年割額に係る歳出予算の経費の金額のうち、その年度内に支出を終わらなかったものは、当該継続費の継続年度の終わりまで逓次繰り越して使用することができる。

3　地方債は、特定の費途に充てる目的で、当該地方公共団体以外の者から、一会計年度内又は二会計年度以上にわたって借り入れる金銭である。

4　地方公共団体の長は、歳出予算内の支出をするため、一時借入金を借り入れることができるが、予算において借入の概算額を定める必要がある。

5　予算の調整及び議会への提案の権限は原則として長に属するが、例外として、地方公営企業の予算に関しては、企業管理者が地方公共団体の長とあらかじめ調整した上で調製する。

●解説

　予算は、地方公共団体の一会計年度における歳入と歳出の見積り。各会計年度の歳出はその年度の歳入をもって充てなければならない（会計年度独立の原則。法208条2項）。もっとも、この原則の厳格な適用が財政運営の硬直化を招くおそれがあることから、これを防止すべく、例外として、継続費の逓次の繰越し、繰越明許費、事故繰越し等が認められている。

　会計は一般会計と特別会計に区分され、それぞれ別個に予算が調製される（単一予算主義の原則の例外）。

　予算に関する原則としては、他に、総計予算主義の原則、予算統一の原則、予算事前議決の原則、予算公開の原則がある。

1　誤り。地方公営企業法が当然に適用される地方公営企業の経理は、同法により、特別会計を設けて行うものとされ、別途条例の制定を要さない（同法17条）。なお、一般的には、特別会計の設置には、条例の制定を要する（法209条2項）。

2　正しい。法212条、施行令145条。

3　誤り。地方債は、地方公共団体が後年度の歳入をもって償還する一会計年度を超える期間にわたって負う金銭債務である（法230条参照）。

4　誤り。予算で、一時借入金の最高額を定めることとされている（法235条の3第2項）。

5　誤り。地方公営企業の予算は、地方公共団体の長が、当該地方公営企業の管理者が作成した予算の原案に基いて調製し、年度開始前に議会の議決を経なければならないこととされている（地方公営企業法24条2項）。

正解　2

《問題 7 》―――予算の内容等②

　予算の内容等に関する記述として、正しいものはどれか。

1　歳入歳出予算として議会の議決の対象となる「議決科目」は、款及び項であり、目及び節は「執行科目」とされる。

2　継続費とは、歳出予算の経費の金額のうち、年度内に支出負担行為をし、避けがたい事故のため年度内に支出を終わらなかったものについて、翌年度に継続して使用することができる経費のことをいう。

3　歳出予算の金額の範囲内におけるものを除いて、普通地方公共団体が債務を負担する行為をするには、予算で債務負担行為として定めておかなければならない。

4　一時借入金とは、普通地方公共団体が財源の不足を補い、又は特定の費途に充てる目的で、会計年度を超えて外部から借り入れる金銭のことをいう。

5　歳出予算の経費の金額は、原則として、各款又は各項の間において相互に流用することができないが、各款又は各項の経費の金額は、予算の執行上必要がある場合に限り、予算の定めるところにより流用することができる。

●解説

　予算は、次の7つの事項に関する定めからなる（法215条）。
　①歳入歳出予算（法216条）、②継続費（法212条）、③繰越明許費（法213条）、④債務負担行為（法214条）、⑤地方債（法230条）、⑥一時借入金（法235条の3）、⑦予算の各項間の流用（法220条2項ただし書）。

1　正しい。法216条。予算書には、款と項のみが掲げられる。なお、予算成立後、予算の執行に関する手続として、各項を目と節に区分する（施行令150条1項3号）。

2　誤り。継続費とは、工事、製造など、完成及び履行に数年を要する事業経費について、あらかじめ予算に総額、年割額を定めて執行を確保するものである（法212条）。肢は、事故繰越しである（法220条3項ただし書）。

3　誤り。歳出予算の金額、継続費の総額又は繰越明許費の金額の範囲内におけるものを除くほか、普通地方公共団体が債務を負担する行為をするには、予算で債務負担行為として定めておかなければならない（法214条）。

4　誤り。会計年度の歳入で償還する必要がある（法235条の3第3項）。

5　誤り。予算の執行上必要がある場合に限り、予算の定めるところにより、流用することができるのは、歳出予算の各項の経費の金額である（法220条2項ただし書）。

正解　1

《問題 8 》———予算の制定手続

難易度　★

予算の制定手続に関する記述として、正しいものはどれか。

1　普通地方公共団体の長は、毎会計年度予算を調製し、年度開始前に開かれる予算を審議する定例会の冒頭に提出しなければならない。

2　予算は、財務会計手続のひとつであるので、出納整理期間である5月31日まで、特別な理由があればこれを補正することはできる。

3　予算を議会に提出するのは長の専属の権限であるので、議会は予算の減額修正はできるが、増額修正をすることはできない。

4　予算は、一会計年度における普通地方公共団体の歳入と歳出の見積もりであって、執行機関を拘束するものではない。

5　普通地方公共団体の議会の議長から、議決があった予算の送付を受けた当該普通地方公共団体の長は、再議その他の措置を講ずる必要がないと認めるときは、直ちに、その要領を住民に公表しなければならない。

●解説

　予算の制定手続は、詳細な内容がしばしば出題される分野であるが、議会の予算増額修正権に限界があること、執行機関を拘束するのは歳出予算のみであることには、特に留意する必要がある。

1　誤り。予算提出の時期は、遅くとも年度開始前30日（都道府県・指定都市）又は20日（指定都市以外の市・町村）とされている（法211条1項)。

2　誤り。会計年度経過後においては、予算を補正することはできない（施行令148条)。

3　誤り。議会は長の予算提出権限を侵すことのない範囲内であれば、予算の増額修正をすることができる（法97条2項)。なお、減額修正は制限がないので自由にできる。

4　誤り。予算のうち歳出予算はこれにより執行機関の経費の支出が可能となるので執行機関を拘束する。一方、歳入予算は、収入の見積もりであって、執行機関を拘束するものではない。

5　正しい。法219条1項・2項。地方分権改革推進計画に基づく義務付けの廃止の一環として、以前法定されていた総務大臣又は都道府県知事への予算の報告義務（旧法219条2項）は廃止されていることに注意。

正解　5

《問題 9》———地方公営企業予算

難易度　★

地方公営企業予算に関する記述として、正しいものはどれか。

1　地方公営企業予算の調製、議案の提出は、地方公営企業の経営に関する識見を有する者として普通地方公共団体の長が任命する管理者が行う。

2　地方公営企業予算では、経営状況を明確にするため、一般会計予算と同様に、資本取引と損益取引を明確に区分しなければならない。

3　地方公営企業は、社会経済状況に適確に対応するために、その採用する会計処理基準及び手続を、適宜変更することが求められる。

4　現金収支を基準とする一般会計とは異なり、地方公営企業会計予算は債権及び債務の発生の事実を基準とする発生主義によっている。

5　支出規制が弱く予算超過の支出が可能な一般会計予算と異なり、地方公営企業予算では支出規制に重点が置かれ、予算に強く拘束される。

●解説

　地方公営企業予算の特徴は、財産等の増減及び移動を発生予定に基づいて経理する発生主義の原則と、支出規制が弱く業務量の増加によって増加する収入に相当する金額を直接必要な経費に支出できることにある。

1　誤り。長は管理者が作成した予算案を基礎に当該地方公営企業の予算を調製するとともに、議案を提出する（地公企法24条2項、法149条2号）。

2　誤り。資本取引と損益取引を明確に区分しなければならないとされているのは、地方公営企業予算のみである（地公企法施行令9条3項）。

3　誤り。地方公営企業は、その採用する会計処理基準及び手続を毎事業年度継続して用い、みだりに変更してはならない（地公企法施行令9条5項）。

4　正しい。地方公営企業では事業体としての経営の成績を明らかにするために、民間企業と同様に発生主義がとられている（地公企法20条1項）。

5　誤り。地方公営企業予算は、支出規制が弱く業務量の増加によって増加する収入に相当する金額を直接必要な経費に支出できる（地公企法24条3項）。

正解　4

《問題10》——支出①

難易度 ★★

支出に関する記述として、正しいものはどれか。

1　普通地方公共団体の支出の方法は、指定金融機関を置いている場合は、債権者への確実な支出を担保するため、原則として現金払いである。

2　法律又は政令により普通地方公共団体に事務処理を義務付ける場合には、国はそのために要する経費の財源につき必要な措置を講じなければならない。

3　会計管理者は、長の支出命令が法令又は予算に違反しているか否かの確認ができない場合には、支出を拒否することができる。

4　支出負担行為は、支出の原因となる行為であり、請負、売買などの契約には必要であるが、職員給与のように法令により当然に支出されるものには要しない。

5　予算の裏付けがないという支出負担行為の瑕疵は、その後に予算の議決あるいは補正予算が成立しても治癒されない。

●解説

　普通地方公共団体の支出の原因となるべき契約その他の行
為（歳入の調定に相当する）を「支出負担行為」という。議
会の議決を経て金融機関の一つを指定金融機関に指定し、公
金の収納及び支払いを取り扱わせる。

1　誤り。指定金融機関を置いている場合の支出の方法は、
　　原則として小切手の振出し又は公金振替書の交付による
　　（法232条の6第1項）。

2　正しい。法232条2項。

3　誤り。会計管理者は、支出命令を受けた場合であっても、
　　当該支出負担行為が法令又は予算に違反しているか否か
　　を確認できない場合には、支出することができないこと
　　とされており（法232条の4第2項）、支出は違法なもの
　　となる。

4　誤り。支出負担行為は、予算執行の第一段階として行わ
　　れる行為であり、職員給与のような定型的な支出であっ
　　ても、支出負担行為は必要である。

5　誤り。既になされた支出負担行為を明確に追認するため、
　　同一会計年度内に予算ないし補正予算が成立した場合に
　　は、支出負担行為について生じていた瑕疵は治癒される
　　場合もあるとされている（行実昭41.6.14）。

正解　2

《問題11》──支出②

支出に関する記述として、正しいものはどれか。

1 支出負担行為は、普通地方公共団体の支出の原因となるべき契約その他の行為のことであり、保証契約も支出負担行為に含まれる。

2 会計管理者が、歳出につき債務が確定した旨を長に通知し、その支出を命令するのが「支出命令」であり、長は会計管理者の命令がなければ支出することができない。

3 普通地方公共団体の支出は、支払いの相手方が正当な債権者である場合に行われるが、債権者から正規に代金受領の委任を受けた者に支払うことはできる。

4 指定金融機関を支払人とする小切手を振り出すべき場合には、債権者の申出があっても、その一部を現金で支払うことはできない。

5 憲法に基づいて、慈善、教育又は博愛の事業に対しては、公益上必要があっても寄附又は補助をすることができない。

●解説

　支出については、歳入の収入の方法及び支出負担行為、支出命令、現金の支出などの支出の手続についても、出題されるので注意したい。

1　誤り。保証契約は債務を負担する行為ではあるが、予算に基づいて行われるものではないので、支出負担行為には含まれない。

2　誤り。長が、歳出につき債務が確定した旨を会計管理者に通知し、その支出を命令するのが「支出命令」であり、会計管理者は長の命令がなければ支出することができない（法232条の4第1項）。

3　正しい。普通地方公共団体の支出は、債権者のためでなければ、これをすることができない（法232条の5第1項）。すなわち、債権金額が確定し、支払期日が到来し、支払いの相手方が正当な債権者である場合に支出が行われるのが原則。もっとも、支払いの相手方が本人でなければならないわけではない。

4　誤り。小切手を振り出すべき場合には、債権者の申出があれば、現金で小口の支払いをすることができる（法232条の6第1項ただし書）。

5　誤り。憲法89条は、公の支配に属しない慈善、教育又は博愛の事業に対する公金その他の公の財産の支出を禁止しており、公の支配に属するものであれば支出できる。

正解 3

《問題12》──支出の方法

難易度　★★

支出の方法に関する記述として、正しいものはどれか。

1　資金前渡は、特定の経費について、概括的に資金の交付を受けた職員が自己の名と責任において債権者に対して現金で支払うことをいう。

2　前金払は、支払うべき時期の到来以前に、債権者が確定しているが債務金額が未確定である場合に、あらかじめ一定額を債権者に交付し、後日確定することをいう。

3　概算払では、旅費、訴訟に要する経費など、債務金額と債権者が未確定である場合に概算額を支払い、後に精算することになる。

4　繰替払は、あらかじめ債権者に通知して支払場所を指定し、指定金融機関などに資金を交付して送金手続をさせる方法である。

5　普通地方公共団体の支出は、資金前渡、概算払、前金払等の法に基づく政令で定められた場合を除き、債権者に対してのみすることができる。

●解説

　支出の例外として定められている、資金前渡、前金払、概算払、繰替払、隔地払は、実務の問題として多く出題されているので、条文に当たってその内容を理解し、それぞれの該当例についても整理したい。

1　正しい。資金前渡を受けた者は、支出負担行為から支払いの権限まであわせて有することができる（施行令161条）。

2　誤り。前金払は、金額が確定した債務について、相手方の義務履行前又は納付すべき時期の到来前に支出するものであり、その性質上精算は伴わない（施行令163条）。

3　誤り。概算払とは、債権者は確定しているが、債務金額が未確定の場合にあらかじめ一定額を債権者に交付し、後日確定額を精算するものである（施行令162条）。

4　誤り。肢の内容は、隔地払の説明である（施行令165条）。繰替払は、歳入の収納現金を直ちに支払現金に充てて支出する方法であり、支出命令書に基づかない点で特例とされる（施行令164条）。

5　誤り。支出は、債権者のためにすることができ、債権者以外に、債権者の委任を受けた者や債権を差し押さえて転付命令を受けた者等に支出することができる（法232条の5第1項）。

正解　**1**

《問題13》───収入①

（難易度 ★★）

収入に関する記述として、正しいものはどれか。

1 普通地方公共団体の長は、国から交付される地方交付税、地方譲与税、補助金、地方債については調定を省略することができる。

2 普通地方公共団体の歳入は、確実を期するため全て現金によることとされ、小切手などの証券により行うことは認められていない。

3 収入の確保と住民の便益に寄与するので、普通地方公共団体の全ての歳入は、口座振替の方法により納付することができる。

4 地方公共団体の歳入等を納付しようとする者は、コンビニエンスストア等においてバーコードを提示して指定納付受託者に納付を委託することやクレジットカード番号等を電子情報処理組織を使用して通知し指定納付受託者に納付を委託することができるが、スマホアプリ等を利用した決済方法による納付の委託をすることはできない。

5 普通地方公共団体の長は、公金の徴収・収納・支出に関する事務を適切かつ確実に遂行できる者で指定するものに委託することができ、その委託を受けた者は指定公金事務取扱者と呼ばれる。

●解説

　収入に関しては、平成18年にクレジットカードによる納付が、令和4年にスマートフォンアプリ等を利用した決済方法による納付（法231条の2の2～231条の4）が導入されている（指定納付受託者制度）。

　令和6年4月には、公金の徴収・収納・支出に関する事務（公金事務）を適切かつ確実に遂行できる者で指定するものに委託することができることとされた（指定公金事務取扱者制度・法243条の2～243条の2の6）。徴収・支出に関する事務を委託できる歳入・歳出は政令で定められ、収納に関する事務を委託できる歳入は、性質上委託が適当でないものを除く全てとされる。

1　誤り。地方交付税、地方譲与税、補助金、地方債などの歳入を国から収入するときでも、調定を省略することはできない（法231条）。

2　誤り。金融機関が指定されている場合は、政令の定めるところにより、証券をもって納付することができる（法231条の2第3項、施行令156条）。

3　誤り。金融機関が指定されている場合は、政令の定めるところにより、口座振替の方法により納付することができる（法231条の2第3項、施行令155条）。

4　誤り。令和3年の改正により、指定納付受託者制度が導入され、スマホアプリ等を利用した決済方法による納付も認められることとなった（法231条の2の2第2号）。

5　正しい。法243条の2。

正解　5

《問題14》————収入②

難易度　★★

収入に関する記述として、正しいものはどれか。

1　分担金、使用料、加入金、手数料などの歳入を納期限までに納付しない者があるときには、長は督促をしなくても延滞金を徴収することができる。

2　現金に代えて証券を使用して歳入する場合、納入義務者が使用することができる証券の種類は、小切手のみに限られている。

3　納入義務者に対する通知は、性質上納入通知書により行うことができない場合には、口頭や掲示その他の方法によって行うことができる。

4　歳入を収入するときは、納入義務者に対して納入の通知をしなければならないとされており、国庫補助金については国に対して納入の通知を行うことになる。

5　収入を徴収する方法は、原則として現金によるが、分担金、又は手数料の徴収は、証紙による収入の方法によることができる。

●解説

　地方公共団体の主な収入としては、地方税、地方交付税、地方譲与税、財産収入、分担金、使用料、手数料、事業収入、国庫支出金（補助金、負担金、委託金等）、他の地方公共団体支出金、寄附金、過料などがある。

1　誤り。分担金などの未納付者に対しては、督促をした場合において、延滞金を徴収することができる（法231条の3第1項・2項）。

2　誤り。証券をもって歳入の納付ができるのは、小切手のほかに、無記名式の国債若しくは地方債又は無記名式の国債若しくは地方債の利札で、支払期日が到来したものが認められている（施行令156条1項2号）。

3　正しい。納入義務者に対する納入の通知は、納入通知書の発行が原則であるが、口頭や掲示によって行うことができる（施行令154条3項）。

4　誤り。地方交付税、地方譲与税、補助金、地方債、滞納処分費その他性質上納入の通知を必要としない歳入は、納入の通知は必要ない（施行令154条2項）。

5　誤り。証紙による収入の方法によることができるのは、使用料と手数料に限られ、分担金は含まれていない（法231条の2第1項）。

正解　**3**

《問題15》———決算①

難易度　★

決算に関する記述として、正しいものはどれか。

1　決算は、議会の認定により確定するので、議会の認定を受けられなかった場合には、予算執行は不適とされその決算の効力は無効となる。

2　会計年度において決算上剰余金を生じたときは、普通地方公共団体の長の判断により、翌年度の歳入に編入するか、その全部又は一部を翌年度に繰り越さないで基金に編入できる。

3　会計管理者は、毎会計年度、出納の閉鎖後3箇月以内に決算を調製し、証書類その他政令で定める書類と併せて、監査委員に提出しなければならない。

4　会計管理者は、決算を長に提出する際に、歳入歳出決算事項別明細書、実質収支に関する調書及び財産に関する調書を併せて提出しなければならない。

5　普通地方公共団体の長は、決算の認定に関する議会の議決を経た後に、監査委員の審査に付さなければならないとされている。

●解説

　決算とは一会計年度の歳入歳出予算の執行の実績を表示した計算書である。会計管理者は出納閉鎖（出納は、翌年度の5月31日をもって閉鎖。会計年度終了後から出納が閉鎖されるまでの期間を出納整理期間という）後3箇月までに決算書を作成して長に提出し、長は監査委員の意見を付して議会の認定に付さなければならない。

　普通地方公共団体の長は、決算の認定に関する議案が否決された場合において、当該議決を踏まえて必要と認める措置を講じたときは、速やかに、当該措置の内容を議会に報告するとともに、これを公表しなければならない（法233条7項）。

1　誤り。議会の認定は、予算執行の結果を確認するとともに、その適否を明らかにするものであり、議会の認定を得られなくても決算の効力に影響しない（行実昭31.2.1）。
2　誤り。決算上剰余金を基金に編入することができるのは、条例の定めがあるとき、又は議会の議決があるときである（法233条の2ただし書）。
3　誤り。会計管理者は、毎会計年度、出納の閉鎖後3箇月以内に決算を調製し、普通地方公共団体の長に提出しなければならない（法233条1項）。
4　正しい。法233条1項、施行令166条2項。
5　誤り。決算を監査委員の審査に付するのは、議会の認定に付する前に行わなければならない（法233条3項）。

正解　4

《問題16》————決算②

難易度 ★★

決算に関する記述として、正しいものはどれか。

1 管理者が調製するとされている公営企業の決算について、管理者を置かない公営企業では、会計管理者が決算報告書の作成に関する事務を行う。

2 監査委員は、決算の合法性、的確性について審査した「決算審査意見書」とともに、決算を議会の認定に付さなければならない。

3 会計年度経過後に至って歳入が歳出に不足するときは、翌年度の歳入を繰り上げて、これに充当することができるとされている。

4 普通地方公共団体の長は、決算を、都道府県にあっては総務大臣、市町村にあっては都道府県知事に報告し、かつ、その要領を住民に公表しなければならない。

5 給与の会計年度所属区分は、現金主義に基づき、実際に支給した日の属する年度である。

●解説

　決算については、予算とともに出題頻度が高い項目であるので是非その基本的な内容を理解して欲しい。同様の問題が繰り返し出題されているので、地方自治法の規定について施行令も含めて学習する必要がある。

1　誤り。管理者を置かない公営企業では、管理者の権限は、会計管理者ではなく、長が行うこととされている（地方公営企業法34条の2）。

2　誤り。監査委員は「決算審査意見書」を普通地方公共団体の長に提出し、長が議会の認定に付することになる（法233条3項）。なお、決算審査の主眼は、①計算に過誤はないか、②実際の収支が命令と適合しているか、③収支が適法か、④財政運営が適法か、⑤予算が目的に沿って効果的に執行されたか等にあるとされる。

3　正しい。肢の内容は、妥当である（施行令166条の2）。そのためには、必要な額を翌年度の歳入歳出予算に編入しなければならないとされている。

4　誤り。普通地方公共団体の長は、議会の認定に付した決算の要領を住民に公表しなければならない（法233条6項）。かつて法定されていた決算の総務大臣又は都道府県知事への報告義務（旧法233条6項）は、地方分権改革で廃止されたことに留意。

5　誤り。歳出の会計年度所属区分は、経費の種類ごとに異なる（施行令143条）。給与その他の給付については、その支給すべき事実が生じたときの属する年度に区分される（同条1項2号）。

正解　3

《問題17》———使用料・手数料

難易度　★

使用料・手数料に関する記述として、正しいものはどれか。

1　手数料は、全国的に統一して定めることが必要な内容が含まれるため、手数料に関する事項は、必ず政令で定める。

2　地方公共団体が管理する国の営造物で当該地方公共団体がその管理に要する経費を負担するものについては、当該地方公共団体は、条例の定めるところにより、当該営造物の使用について使用料を徴収することができる。

3　詐欺その他不正の行為により、使用料の徴収を免れた者は、法により行政財産の目的外使用又は公の施設の利用を禁止されている。

4　使用料とは、公有財産の利用に対し、その対価である反対給付として徴収されるものであり、その例として私法上の契約に基づく賃貸料も含まれる。

5　手数料は、特定の者のためにする普通地方公共団体の事務に関し徴収することができ、地方公共団体の職員の採用試験では試験手数料を徴収できる。

●解説

　「使用料」とは、行政財産の目的外使用又は公の施設の利用について徴収する料金であり、「手数料」とは、特定の者に提供する役務に対し、その費用を償うため又は報償として徴収する料金である。

1　誤り。手数料に関する事項については、条例でこれを定めなければならない。この場合において、手数料について全国的に統一して定めることが特に必要と認められるものとして政令で定める事務（標準事務）について手数料を徴収する場合においては、当該標準事務に係る事務のうち政令で定めるものにつき、政令で定める金額の手数料を徴収することを標準として条例を定めなければならない（法228条1項）。

2　正しい。地方財政法23条1項。なお、当該使用料は、当該地方公共団体の収入とする（同条2項）。

3　誤り。肢のような法の規定はない。詐欺その他不正の行為により、使用料の徴収を免れた者については、条例でその徴収を免れた金額の5倍に相当する金額（その金額が5万円を超えないときは5万円）以下の過料を科する規定を設けることができる（法228条3項）。

4　誤り。使用料とは、行政財産の目的外使用又は公の施設の利用についてその反対給付として徴収するものをいい、私法上の契約に基づく賃貸料は含まれない（法225条）。

5　誤り。地方公共団体の職員の採用試験は、特定の個人のためにする事務とはいえず手数料は徴収できない（行実昭30.9.14）。

正解　2

《問題18》──────債務負担行為

債務負担行為に関する記述として、正しいものはどれか。

1　債務負担行為には、金銭の給付を伴うものに限られず、債務保証や損失補償などの信用補完行為のみで目的を達成する場合も含まれる。

2　債務負担行為とは、普通地方公共団体が将来にわたり債務を負担する行為であるから、改めて支出すべき年度の予算に計上される必要はない。

3　予算で債務負担行為を定めれば、当該債務負担行為に基づく契約などの支出負担行為は、当該設定年度に限られず、翌年度以降も行うことができる。

4　翌年度以降継続的に特別会計又は基金に対して一般会計から繰出金を支出する場合には、あらかじめ債務負担行為として議会の議決を得る必要がある。

5　不動産を借りる契約、OA機器のリース契約など、翌年度以降にわたり役務の提供を受ける契約は、あらかじめ債務負担行為として議会の議決を得る必要がある。

●解説

債務負担行為とは、歳出予算の全額、継続費の総額又は繰越明許費の全額の範囲におけるものを除き、債務を負担する行為をいい、数年度にわたる校舎改築事業や資金融資に伴う金融機関への損失補償などがある。

1　正しい。信用補完行為も債務負担行為であるから、予算の内容をなすものであり、予算で債務負担行為として定めておかなければならない（法214条）。

2　誤り。債務負担行為として予算で定めた案件については、支出年度において改めて義務費として歳入歳出予算に計上される（法214条）。

3　誤り。支出負担行為は、支出の原因となるべき契約その他の行為をいい、当該設定年度に行わなければならない。

4　誤り。肢の場合は、会計相互間における出し入れであるから、歳入歳出予算に計上することになり、債務負担行為として定める必要はない。

5　誤り。肢の内容は、長期継続契約の説明である。電気の供給や電話などの役務の提供を受ける契約や不動産の賃貸契約に限っては、歳出予算の範囲内でそれらの給付を受けることを前提に、議会の議決を得ないで翌年度以降の長期の契約を締結できる（法234条の3）。

《問題19》────予備費

（難易度★★★）

予備費に関する記述として、正しいものはどれか。

1　全ての歳入歳出予算には、予算外の支出又は予算超過の支出に充てるため、予備費を計上することが義務付けられている。

2　予備費は予算の議決後、執行機関にその使用が委ねられているが、議会が予算を修正して削除した経費に充てることはできない。

3　予備費は、議会が閉会中で補正予算の審議ができない場合に限り、普通地方公共団体の長は、その裁量により支出が認められている。

4　予備費はその支出について事後に議会の承認が必要であり、承諾が得られなかった場合には、その予備費の支出は効力が失われる。

5　予算に計上された金額が不足したためなされる支出などに充てるため、計上が義務付けられている予備費は、議会が否決した費途にも充てることができる。

●解説

予備費については、便宜上「目的外予算」といわれ、初めから一定の目的が定められず、執行の段階において一定の目的が発生し、その目的に充当することによって、初めて「目的予算」となる。

1 誤り。予備費については、特別会計にあっては、計上しないことができる（法217条1項ただし書）。なお、予算外の支出とは予算に科目のない支出はもちろん、科目はあっても予算で全く見積もっていない支出をいう。

2 正しい。議会が修正して削除した経費は、否決した使途であり、これに予備費を充てることは、議会の議決権の尊重の趣旨から認められない（法217条2項）。なお、予算金額を減じた費途は、否決した費途ではなく、予算金額不足の場合には予備費を支出できる（行政実例）。

3 誤り。予備費は予算の議決後、執行機関にその使用を委ねられている目的外予算であるから、その支出は長の任意である。

4 誤り。国の予備費の支出については、憲法87条2項により内閣は事後に国会の承認を得なければならないとされているが、地方自治法にはそのような規定はない。

5 誤り。一般会計では、予備費の計上が義務付けられている（法217条1項）が、議会が否決した費途に充てることはできない（同条2項）。これは、議会の議決を尊重する趣旨と財政を議会に服従させる機能を果たしている。

正解 2

《問題20》————一時借入金

難易度 ★★

一時借入金に関する記述として、正しいものはどれか。

1 一時借入金は予算外の支出に充てるため、借入れの最高額を予算で定めて、普通地方公共団体の会計管理者が借り入れるものである。

2 一時借入金は、当該年度の歳入をもって償還することが原則であるが、議会の承認を得れば次年度の歳入をもって償還することができる。

3 一時借入金は歳出予算内の不足を補填するために、借入れの最高額を予算で定めて長が借り入れるものであり、その利子の償還については翌年度の歳入から支払うことができる。

4 一時借入金は歳出予算内の不足を補填するために借入れの最高額を予算で定め、長と会計管理者が連帯債務者として借り入れるものである。

5 一時借入金は既定の歳出予算の支出現金の不足を補填するために、借入れの年間総額を予算で定めて長が借り入れるものである。

●解説

　一時借入金は、一時的に資金不足を生じた場合に、その救済手段として長が行う単年度の借入金である。借入れの最高額を定めるとともに、償還はその会計年度の歳入をもって行わなければならない。

1　誤り。一時借入金は、歳出予算内の不足を補填するために、借入れの最高額を予算で定めて、普通地方公共団体の長が借り入れるものである（法235条の3第1項）。

2　誤り。一時借入金は、当該年度の歳入をもって償還しなければならず（法235条の3第3項）、議会の承認による次年度歳入による償還の制度はない。

3　正しい。一時借入金の償還はその会計年度の歳入をもって行わなければならないが（法235条の3第3項）、利子の償還については翌年度から支払っても違法ではないとされている（昭24.3.10通知）。

4　誤り。一時借入金は、歳出予算内の不足を補填するために、普通地方公共団体の長が借り入れるものであり、会計管理者が連帯債務者となることはない（法235条の3第1項）。

5　誤り。予算で定めるのは、借入れの年間総額ではなく、最高額である（法235条の3第2項）。この場合の最高額とは、ある時点における一時借入金の現在高の最高額をいう（行実昭26.12.25）。

正解　3

《問題21》───分担金

難易度　★★

分担金に関する記述として、正しいものはどれか。

1　分担金とは、その普通地方公共団体の事務で特定の者に提供する役務に対し、その費用を償うため又は報償として、徴収することができる。

2　分担金について督促を受けた者が、指定された期限までに納付すべき金額を納付しないときは、地方税の滞納処分の例により処分することができる。

3　地方公営企業法の適用を受ける水道、ガス、鉄道等の公営企業について徴収される料金も、分担金の一つの例であるとされている。

4　分担金の徴収額について受益の限度を定めるに当たっては、特定の事業に要した費用の総額を、そのまま受益の限度額とすることができる。

5　特定の事件に関して普通地方公共団体が不均一課税をした場合であっても、その事件に関して分担金を徴収することはできる。

●解説

　分担金とは、普通地方公共団体が行う特定の事件に関する経費に充てるため、その事件により特に利益を受ける者に課する公法上の金銭給付義務であり、利益の限度が分担の限界とされている。

1　誤り。肢は、手数料についての説明である（法227条）。分担金は、特定の事業を行う場合に、その事業によって特に利益を受ける者に、その受益の限度で、その経費の全部又は一部を分担させるものである（法224条）。

2　正しい。法231条の3第3項。この場合の先取特権の順位は、国税及び地方税に次ぐものとされている。

3　誤り。これらは「公の施設」の利用の対価として徴収するものであり、利益を受ける者から徴収するので、使用料の一種である。

4　誤り。受益の限度については、財源の調達と住民相互間の負担の公平という観点から、具体的に限度額を定めるとされている。特定の事業に要した費用の総額をそのまま受益の限度とすることはできない（行実昭27.12.26）。

5　誤り。その事業によって特に利益を受ける者に、その経費の全部又は一部を分担させるということが重複するので、地方税法7条による不均一課税をした場合には、分担金を徴収できない（施行令153条）。

<hr>

正解　2

《問題22》─議会の議員・長の選挙権・被選挙権、議員の身分

難易度 ★★

普通地方公共団体の長・議会の議員の選挙権・被選挙権及び議員の身分に関する記述として、正しいものはどれか。

1 年齢満18年以上で引き続き3か月以上、当該市町村の区域内に住所を有する者は、日本国民に限らず、当該市町村の議会の議員及び長の選挙権を有する。

2 拘留以上の刑に処せられその執行を終わるまでの者は、選挙権を有するが、被選挙権は有しない。

3 議員の身分は、原則として当選日当日に発生し、その任期は、補欠議員も含めて4年である。

4 議員が兼業禁止の規定に該当するときはその職を失うが、この決定は地方公共団体の長が行う。

5 議員は、衆議院議員、参議院議員、他の普通地方公共団体の議会の議員と兼ねることはできないが、一部事務組合の議会の議員と兼ねることはできる。

●解説　　　　　26、28、54、56、57、158ページ

　普通地方公共団体の議会の議員・長の選挙権・被選挙権については、地方自治法のほか公職選挙法に詳細が定められているので、同法の条文も参照し正確に内容を把握されたい。議員の失職事由とそれぞれの失職事由ごとの決定プロセスについても理解しておく必要がある。

1　誤り。日本国民でない者は、市町村の長及び議会の議員の選挙権を有しない（法18条、公職選挙法9条2項）。そのほかの記述は正しい。

2　誤り。禁錮（令和7年6月以降は、拘禁刑）以上の刑に処せられその執行を終わるまでの者は、選挙権・被選挙権のいずれも有しない（公職選挙法11条2号）とされており、拘留の場合においては選挙権・被選挙権の制限は定められていない。

3　誤り。議会の議員の任期は、一般選挙の日（議員の任期満了による選挙が任期満了前に行われたときは、任期満了の日の翌日）から起算することとされており（法93条2項、公職選挙法258条）、補欠議員の任期は前任者の残任期間と定められている（法93条2項、公職選挙法258条、260条）。

4　誤り。兼業禁止の規定（法92条の2）に該当するかどうかについては、議会が出席議員の3分の2以上の多数により決定する（法127条1項）。

5　正しい。一部事務組合の議会の議員については、その構成団体の議会の議員等と兼ねることができることとされている（法287条2項）。

正解　5

《問題23》————委員会制度①

難易度 ★★

議会の委員会に関する記述として、正しいものはどれか。

1 議会運営委員会は、会期の始めに議決により設置し、また、議会運営委員は、議員の任期中在任しなければならないとされている。

2 議長及び副議長は、議会全体を統括する職責から、常任委員となる必要はないが、特に必要がある場合は、議会の同意を得て常任委員となれる。

3 常任委員会は、議会の議決すべき事件のうちその部門に属する事務に関するものについて、議会に議案を提出することができる。

4 議会の委員会には、常任委員会と特別委員会とがあり、常任委員会は設置が義務付けられているのに対し、特別委員会は任意に置くこととされている。

5 当該地方公共団体の事務に関する調査又は審査のため参考人の出頭を求め、その意見を聴くことができるのは、委員会のみで本会議では認められていない。

●解説

　委員会は、議会の内部組織として、比較的少数の議員により構成され、議会から付託された事案を審査し、調査する機関である。委員会には、常任委員会、特別委員会及び議会運営委員会がある。

1　誤り。議会は、条例で、議会運営委員会を置くことができるとされ（法109条1項）、その委員の選任その他議会の委員会に関し必要な事項は条例で定めることとされている（同条9項）。

2　誤り。法律上、肢のような定めはない。委員会の運営は条例に委ねられている（法109条9項）。なお、以前存在した「議員は、少なくともひとつの常任委員とならなければならない」との条項（旧法109条2項）は、廃止されていることに留意。

3　正しい。法109条6項本文。なお、予算については提出することはできないとされている（同項ただし書）。

4　誤り。常任委員会、特別委員会とも、条例で置くことができるとされており、設置は義務付けられていない（法109条1項）。

5　誤り。本会議において参考人の出頭を求め、意見を聴くことができると定められ（法115条の2第2項）、当該規定を委員会について準用している（法109条5項）。

正解　3

■ 議会と議員

《問題24》──委員会制度②

難易度　★

議会の委員会に関する記述として、正しいものはどれか。

1　常任委員会は、議会の議決により付議された特定の事件については、閉会中でもこれを審査することができるとされている。

2　常任委員会は、審議などの効率性の観点から、当該普通地方公共団体の人口に応じて、法律により設置数の上限が定められている。

3　常任委員会は、特別委員会とは異なり、公聴会を開く権限および参考人を出頭させその意見を聴く権限は与えられていない。

4　議員は特別委員会の委員になっていても、少なくとも一つの常任委員となり、常任委員は議員の任期中在任しなければならない。

5　議会運営委員会は、議会の運営に関する事項を審議するので、常任委員会とは異なり、公聴会を開く権限は与えられていない。

●解説

予算その他重要な議案などについての公聴会の開催、参考人の出頭を求めて意見を聴くこと、特定の事件についての閉会中の継続審査は、常任委員会、議会運営委員会及び特別委員会に共通である。

1　正しい。委員会は、議会の議決により付議された特定の事件については、閉会中も、なお、これを審査することができる（法109条8項）。

2　誤り。従前は、都道府県・市町村の人口により上限が定められていたが、現在では、設置数の上限は定められていない（旧法109条1項）。

3　誤り。常任委員会、特別委員会とも、公聴会を開く権限および参考人を出頭させその意見を聴く権限は与えられている（法109条5項）。

4　誤り。以前存在した「議員は、少なくとも一つの常任委員とならなければならない」との規定（旧法109条2項）は、廃止されている。委員会の運営は条例に委ねられている（法109条9項）。

5　誤り。議会運営委員会も、常任委員会と同様に予算その他重要な議案、請願等について公聴会を開くことができる（法109条5項）。

正解　1

《問題25》——委員会制度③

 難易度 ★

議会の委員会に関する記述として、正しいものはどれか。

1 特別委員会は、会期中に審議が終わらなければ、会期の終了により消滅するので、付議された特定の事件は、議会の閉会中は審査できない。

2 議会運営委員会は、議員数の多い都道府県議会では設置が義務付けられているが、議員数の少ない市町村議会では設置は任意である。

3 特別委員会の設置数の上限は、平等性と効率性の観点から、当該普通地方公共団体の人口に応じて、政令により定められている。

4 議会の委員会は、調査のために関係人の出頭及び証言並びに記録の提出を求めることができ、これに従わない場合については罰則が定められている。

5 常任委員会は、事務に関する部門ごとに縦割りで設置することも、予算や条例というように横割りで設置することもできる。

●解説

　地方公共団体の議会の委員会には、常任委員会、議会運営委員会、特別委員会がある。この分野は、最も多く出題される事項のひとつである。以前は委員の選任方法等が法定されていたが、現行法では、法定事項は限定され、「委員の選任その他委員会に関し必要な事項は、条例で定める」とされ、委員会の運営は条例に委任されている。

1　誤り。特別委員会も含め「委員会は、議会の議決により付議された特定の事件については、閉会中も、なお、これを審査することができる」とされている（法109条8項）。

2　誤り。議会運営委員会は、条例により設置することができるとされており、全ての普通地方公共団体でその設置が義務付けられているわけではない（法109条1項）。

3　誤り。特別委員会は、特別の付議事件について調査審議をするために設置されるものであり、設置数についての規定は定められていない（法109条4項・9項）。

4　誤り。議会の委員会は、公聴会を開くことや、参考人の意見聴取を行うことはできる（法109条5項）が、関係人の出頭及び証言並びに記録の提出を求めること（法100条1項）は議会に認められた権限であり、委員会がこの権限を行使するためには、都度議会の議決を要する。

5　正しい。常任委員会は、通常は事務に関する部門ごとに縦割りで設置されているが、テーマにより横割りで設置することもできる。

正解　5

《問題26》——委員会制度④

難易度　★★

議会の委員会に関する記述として、正しいものはどれか。

1　特別委員会は常任委員会とは別に、特別の付議事件について調査審議するために、会議規則によって設けられる特別の委員会である。

2　議会運営委員会は、議会の会議運営に関する事項を協議するために設置されるので、それぞれの議会の必要に応じて会議規則で設置される。

3　議会の議決により付議された特定の事件について閉会中もなおこれを審査することができることが認められているのは、特別委員会のみである。

4　議会の委員会の委員は、議会において選任することとされているので、議会の閉会中には、委員を選任することはできない。

5　議会の委員会では、委員長の許可を得て傍聴することができるなどの取扱いをすることは、差し支えないとされている。

●解説

　委員会については、以前は、委員の選任方法、在任期間などが、地方自治法で定められていたが、現在では、地方自治法における委員会に関する規定は簡素化され、委員会に関する事項の多くは、条例に委任されている（法109条9項）。

1　誤り。議会の特別委員会は、会議規則ではなく、常任委員会・議会運営委員会と同様に条例により設置される（法109条1項）。

2　誤り。議会の議会運営委員会は、常任委員会、特別委員会と同様に、任意設置ではあるが条例によって設置される（法109条1項）。

3　誤り。継続審査については、特別委員会だけではなく、常任委員会、議会運営委員会についても認められている（法109条8項）。

4　誤り。委員会の委員について閉会中の選任を可能とする条項は削除された（旧法109条3項、109条の2第3項、110条3項）が、委員会の運営については、条例に委任されており（法109条9項）、条例で定めれば、閉会中の選任は可能である。

5　正しい。委員会では、会議公開の原則は当然には適用されないとされるが、肢の内容のような取扱いはできる（行実昭26.10.10）。

正解　5

《問題27》──── 議会の運営①

難易度 ★★

議会の運営に関する記述として、正しいものはどれか。

1 議会において行う選挙は、出席議員の過半数の議決でこれを決することとされ、可否同数のときは、議長の決するところによるとされる。

2 副議長が辞職する場合、原則として議会の許可が必要であるが、閉会中の場合には、特に誰の許可も必要がないとされている。

3 議会の前後の会期は継続するため、議会の会期中に議決に至らなかった事件は、次の会期に当然継続するものとされている。

4 議会の議事は、原則として、出席議員の過半数でこれを決するが、可否同数のときは、議長と副議長の合議により決するとされている。

5 秘密会を開くためには、議長又は議員3人以上の発議により、出席議員の3分の2以上の多数で議決しなければならない。

●解説

　議会の議事は、出席議員の過半数により決するとされ、可否同数の場合には、議長の決するところによる。この場合の議事には選挙は含まれず、議長は、議員として議決に加わる権利を有しない。

1　誤り。議会において行う選挙については、公職選挙法95条の規定が準用され（法118条1項）、法定得票数がある者の中から得票順に当選人を定める。

2　誤り。普通地方公共団体の副議長は、閉会中の場合には、議長の許可を得て辞職することができるとされている（法108条ただし書）。

3　誤り。議会の会期中に議決に至らなかった事件は、後会に継続しない（法119条）が、この会期不継続の例外として継続審査の制度があり（法109条8項）、後会に継続する。

4　誤り。議会の表決で、可否同数のときは、議長と副議長の合議ではなく、議会の議事は議長が決するとされている（法116条1項）。

5　正しい。法115条1項。この場合の議長又は議員の発議は、討論を行わないでその可否を決しなければならない（同条2項）。

正解　5

《問題28》———議会の運営②

難易度 ★★

議会の運営に関する記述として、正しいものはどれか。

1　議事の表決が過半数議決ではなく特別多数決の場合には、議長は議員として出席議員数の数に算入されるとともに、表決権を有する。

2　正当な理由がなく招集に応じず、議長が特に招状を発しても、なお理由がなく出席しない議員に対しては、議会の議決を経ずに議長において懲罰を課することができる。

3　普通地方公共団体の議会は、原則として、在籍議員の半数以上の議員が出席しなければ、会議を開くことができないとされている。

4　議員は、議会の同意があった場合には、自己に直接の利害関係がある事件について、発言し、議決に加わることができる。

5　普通地方公共団体の議会は、原則として、議員定数の過半数の議員が出席しなければ、会議を開くことができないとされている。

●解説

　合議体が適法に活動するための要件として、構成員の一定数の出席が要求される場合、当該一定数を「定足数」という。少数議員の意思による決定を避けるため、議会の定足数は、議員定数の半数とされている。

1　正しい。議長が表決に加われないのは、過半数議決の場合に限られ、特別多数決および選挙の場合は、表決及び投票ができる（法116条）（行実昭26.5.2）。

2　誤り。懲罰は、あくまで議会が議決によりこれを科するものである（法134条）。なお、肢の場合における懲罰の動議の提出権は議長に専属している（法137条）。

3　誤り。議会の定足数は、議員定数の半数と定められており、在籍議員の半数以上の出席が要件とはされていない（法113条）。

4　誤り。議員は、自己に直接の利害関係のある事件等の除斥理由がある場合には、議事に加わることができず、議会の同意があった場合でも議会に出席し、発言ができるだけである（法117条）。

5　誤り。議会の定足数は、議員定数の過半数ではなく、議員定数の半数である（法113条）。例えば、議員定数が30人の議会では、定足数は議長を含めて15人又はそれより多くの者である。

正解　1

《問題29》——議会の運営③

議会の運営に関する記述として、正しいものはどれか。

1 議会の議決を受けなければならないとされているにもかかわらず、議決を経ていない長の行為については、議会はこの行為を取り消すことができる。

2 会議公開の原則とは、議会の会議は公開されなければならないことをいい、その内容としては、傍聴の自由、報道の自由、会議録の公開がある。

3 議会の定例会を再度招集しても、応招議員が半数に達しない場合には、特例として議会を開会することができるとされている。

4 議会は、会議公開の原則の例外として、秘密会を開くことができ、その発議は議長又は議員が単独で行うことができるとされている。

5 議会が議案に対する修正の動議を議題とする場合は、出席議員の半数以上の者の発議によらなければならない。

●解説

　議会における会議は、原則として公開しなければならない。その目的は、住民の代表機関である議会の会議の内容を広く住民に知らせるとともに、住民の批判、監視の下に公正な運用が確保されることにある。

1　誤り。議決を要する事項について議会の議決を経ずに長が事務執行した場合、その行為は原則として無効となる。例えば、長が議会の議決を経ないでした手形振出行為は無効である。

2　正しい。議会における会議は原則として公開しなければならない（法115条1項本文）。

3　誤り。同一の事件につき再度招集してもなお議員が半数に達しないときは、会議を開くことができるが（法113条）、定例会は特定事件について招集するのではないので当てはまらない。

4　誤り。秘密会は、議長又は議員3人以上の発議により、出席議員の3分の2以上の多数で議決したときに開くことができる（法115条1項ただし書）。

5　誤り。議会が議案に対する修正の動議を議題とする場合は、議員の定数の12分の1以上の者の発議によらなければならない（法115条の3）。

正解　2

《問題30》──議会の運営④

難易度 ★★

議会の運営に関する記述として、正しいものはどれか。

1 議会は、議員定数の3分の2以上の議員が出席しなければ会議を開催できないが、開会後にこれを欠くに至っても会議を続けることはできる。

2 議会は、会議において、予算その他重要な議案、請願等について公聴会を開き、利害関係者や学識経験者から意見を聴くことはできない。

3 会議原則には、一般に、会議公開の原則、定足数の原則、過半数議決の原則、会期不継続の原則、一時不再議の原則があるが、委員会に関しては一切適用の余地はない。

4 議員の一般選挙があり、議会の構成が変わった場合には、継続審査の案件であっても、次の議会には継続しないこととなる。

5 議会の議員定数は、条例により定められるが、議会の適正な規模を維持するために、その定数は、人口段階別に上限数が制限されている。

●解説

　議会は会期中に限り活動能力を有する。また、議会は会期中ごとに独立した存在であり、前の会期の意思は、原則として後の会期には継続しない。この結果、会期中に議決に至らなかった議案は審議未了となり廃案となる。

1　誤り。定足数は、会議を開き、これを継続するために必要な議員の数であり、議員定数の半数以上とされている（法113条）。

2　誤り。地方自治法は、「①普通地方公共団体の議会は、会議において、予算その他重要な議案、請願等について公聴会を開き、真に利害関係を有する者又は学識経験を有する者等から意見を聴くことができる。②普通地方公共団体の議会は、会議において、当該普通地方公共団体の事務に関する調査又は審査のため必要があると認めるときは、参考人の出頭を求め、その意見を聴くことができる」と規定している（115条の２）。

3　誤り。会議原則は、直接的には本会議に適用されるものであるが、その趣旨は委員会にも生かされるべきであるとされている。

4　正しい。継続審査は、議会の同一性が維持している限りにおいて認められる。議員の一般選挙があり、議会の構成が変わった場合は、同一性が失われ、継続事案は消滅するものと解される。

5　誤り。地方公共団体の組織及び運営の自由度の拡大を図るため、議員定数の法定上限（旧法90条２項、91条２項）は、廃止された。

正解　4

《問題31》——議会の運営⑤

難易度 ★★

議会の運営に関する記述として、正しいものはどれか。

1 副知事、副市町村長の選任の同意を求める議案については、議会は、他の適当な者を副知事等とする修正をすることができる。

2 議会の議事は、出席議員の過半数でこれを決し、可否同数のときは、公正を期するためにくじにより決することとされている。

3 定足数の原則とは、議会が会議を開く場合に必要な最小限度の議員の出席者数のことであり、この出席者数には議長は含まれない。

4 普通地方公共団体の議会は住民の代表機関であるので、予算の修正については、その増額、減額とも一切の制限はないとされている。

5 議会では、議員の中から議長及び副議長を選挙する場合において、議長の職務を行う者がないとき、年長の議員が臨時に議長の職務を行う。

●解説

　議会において、議案の内容の加除訂正により内容を変更することを議案の修正という。この場合、予算の増額及び減額は可能であるが、増額については長の予算提出権を侵害することができないことに留意する必要がある。

1　誤り。副知事、副市町村長の選任の同意を求める議案の提案権は長に専属し（行実昭25.9.5）、議会に提案権はなく、議会は諾否を表明できるのみであり修正はできないものと解されている。

2　誤り。議会の表決で、可否同数のときは、くじによることなく、議会の議事は議長が決するとされている（法116条1項）。

3　誤り。定足数は議員定数の半数であるが（法113条）、議員定数中には、議員である議長も算入されるものとされている（行裁判昭4.6.15）。

4　誤り。議会は、予算の増額及び減額の修正は可能であるが、長の予算提出権を侵害する増額はできないとされている（法97条2項）。

5　正しい。法107条。年長の議員とは、選挙の行われるとき議場に出席している議員中最年長者をいい、当該議員は、臨時議長の職を拒むことはできない（行実昭26.9.10、昭36.6.9）。

正解　5

《問題32》——議会の運営⑥

難易度 ★★

議会の運営に関する記述として、正しいものはどれか。

1 会議公開の原則の例外である秘密会の発議は、賛否の意見を述べる討論を行わないでその可否を決しなければならないとされている。

2 議長は、傍聴人のする議事妨害に対して、当該傍聴人に退場を命じることができるが、警察官への引渡しは、長の権限である。

3 議員の懲罰処分の効力の発生時期は、議会の議決のときではなく、当該処分対象の議員にその通知が到達したときである。

4 議場の秩序維持権は議長の専権事項であるので、議員といえども、議長にこの権限の行使を求めることは許されないとされている。

5 会議の開閉は、議長の権限であるが、議会運営委員会の議決により請求があった場合には、議長は会議を開かなければならない。

●解説

　紀律とは、主として現在及び将来の議会の会議の秩序維持のことであり、地方自治法には、紀律の方法として、①議長の秩序維持権、②議員の要求による秩序維持、③議員の品位保持、④傍聴人の取締りの規定がある。

1　正しい。肢の通り（法115条2項）。「討論」とは議題となっている事件について、賛成又は反対の意見を述べることをいう。

2　誤り。議長は、必要がある場合には、会議を妨害する傍聴人を警察官に引き渡すことができる（法130条1項）。なお、開会中傍聴人が喧騒を極め会議の妨害をしても、議長の請求がなければ警察官は自ら進んで傍聴人を退場させることはできない。

3　誤り。議員の懲罰処分の効力の発生の時期は、議決のときである（行実昭25.10.9）。

4　誤り。議場の秩序を乱し又は妨害するものがあるときは、議員は、議長の注意を喚起することができる（法131条）。その事実があれば、議長は注意の喚起を尊重し、秩序の回復に努めなければならない。

5　誤り。会議の開閉は議長の権限であるが、議員定数の半数以上の者から請求があった場合には、その日の会議を開かなければならない（法114条1項）。肢のような定めはない。

正解　1

《問題33》──── 議会の議決権

難易度 ★

普通地方公共団体の議会の議決に関する記述として、正しいものはどれか。

1 議会は、地方自治法によりその議決権が制限列挙されており、法定受託事務に係る事件についても条例により議会の議決事件とすることは認められていない。

2 議会の議決は、普通地方公共団体が民事上、行政上の訴訟を提起する場合には必要とされているが、被告となって応訴する場合には必要とされていない。

3 法律上の義務に属する損害賠償の額は、普通地方公共団体の議会の議決事件であるが、普通地方公共団体が民法上の賠償責任を負う場合は含まれない。

4 議会に対する議案提出権は、議会の議決すべき事件ごとに議員又は長のいずれかに専属するとされ、両者に属することはない。

5 条例で指定する重要な契約の締結については、個々の契約ごとに議会の議決を要するが、地方公営企業の業務に関する契約の締結については、金額が政令で定める基準を超えた場合に限り、議会の議決を要する。

●解説

　議決権についての制限列挙主義とは、議会の権限を条文に列挙された事項に限ることをいう。列挙された事項以外の権限は長の権限であるとされ、長の権限と重複競合しないように議会の権限が明確にされている。

1　誤り。平成23年の地方自治法の改正により、国の安全に関することなどを除き、法定受託事務についても条例で議決事件として定めることができるとされた（法96条2項）。

2　正しい。議会の議決については「訴えの提起」と限定されており、被告となって応訴する場合には、議会の議決は要しない（法96条1項12号）。

3　誤り。普通地方公共団体が国家賠償法の規定により賠償義務を負うような場合のほか、民法上の損害賠償責任を負うような場合を含むとされる。

4　誤り。当該地方公共団体の意思を決定すべき事件についての議案の提出権は、特別の規定がない限り、議会と長の双方に存するとされる。

5　誤り。種類及び金額について政令で定める基準に従い条例で指定する契約の締結については、個々の契約ごとに議会の議決を要するが（法96条1項5号）、地方公営企業の業務に関する契約の締結については、同号の適用はなく、議会の議決を要しない（地公企法40条1項）。

正解　2

《問題34》───調査権

難易度　★

調査権に関する記述として、正しいものはどれか。

1　調査権の対象は、当該地方公共団体の事務全般であるが、当該地方公共団体と協定を結んでいる他の地方公共団体についても対象とすることができる。

2　調査権は、当該地方公共団体に関係する住民や法人の間で法律上の争いがある場合に、議会が準司法機関的な役割を果たすために認められた制度である。

3　調査権は、緊急な場合は、議会の議決に基づかず議長の専決により行使することができる。

4　議会内部に特別委員会を設置して特定の事件を調査させる場合には、新たに議会の議決をもって委任しなくとも、当該特別委員会は当該調査のために関係人の出頭及び証言等並びに記録の提出を請求することができる。

5　議会は、選挙人その他の関係人が公務員たる地位において知り得た事実について、その者から職務上の秘密に属するものである旨の申立てを受けたときは、当該官公署の承認がなければ、証言等の提出を請求することができない。

●解説

　議会には、地方自治法100条を根拠に、調査権が認められている（100条調査権）。議会に、その職責を十分に果たすために認められたものであり、議会の有する諸権限を担保するための補助的な権限である。正当な理由のない証言拒否や虚偽の陳述には罰則が適用され（法100条3項・7項）、実効性担保のための強制力があり、委員会の一般的な調査とは異なる。

　調査の対象は、広く地方公共団体の事務（自治事務及び法定受託事務）であるが、例外がある（法100条1項、施行令121条の5）。

1　誤り。自治事務のうち労働委員会・収用委員会の権限に属する一定の事務、法定受託事務のうち国の安全を害するおそれがあること等の事由により議会の調査対象とすることが適当でない一定のものは対象外。また、協定を結んでいるとしても他の地方公共団体の事務には及ばない。

2　誤り。準司法機関的な役割を果たすものではない。

3　誤り。議会の議長に調査権を専決で行使する権限はない。なお、専決処分は、議会と長との間の調整手段として、長が行う処分である。

4　誤り。100条調査権は、議会の権限であり、当然には、委員会の権限とはならない。議会の議決による個別の委任により、委員会は調査権を行使できる。

5　正しい。法100条1項。関係人が公務員として知り得た事実については、認定権限を持つ官公署の承認がなければ証言・記録提出を請求できない（同条4項）。

正解　5

《問題35》————議案の提出権

難易度　★

議案の提出権に関する記述として、正しいものはどれか。

1　議決事件のうち、副知事、副市町村長などの選任の同意
や契約、行政機関の設置などに関する提案権は、普通地
方公共団体の長に専属するものと考えられる。

2　議員が議案を提出するに当たっては、出席議員の4分の
1以上の議員の賛成により、文書をもって行わなければ
ならない。

3　普通地方公共団体の長は、自ら提出した議案の審議に関
し必要があると認めるときは、議場に出席して説明する
ことができる。

4　議案の提出権は、その性質上、必ず普通地方公共団体の
長又は議会のいずれかに属するものであり、どちらに属
するか疑義がある場合には長に属する。

5　委員会がその部門に属するその普通地方公共団体の事務
に関する事件につき、議案を提出する場合には、出席議
員の全会一致が必要である。

●解説

議会の議案の提出権については、①団体意思の決定については、原則として長と議会（議員・委員会）の両者、②議会の機関意思の決定については議員のみ、③長の事務執行の前提要件は長のみに属している。

1　正しい。副知事、副市町村長などの選任同意や契約などは、長の事務執行の前提要件として議決を経るものであるので、その性質上長に専属するものと考えられる。

2　誤り。議員が議案を提出するに当たっては、出席議員ではなく議員定数の12分の１以上の賛成が必要とされている（法112条２項）。また、令和６年４月から、議案の提出は、各議会の判断により、オンラインにより行うことができるものとされている（法138条の２第１項）。

3　誤り。長が提出した議案であっても、長が議場に出席できるのは、自らの判断ではなく議長から求められた場合である（法121条１項）。

4　誤り。議決をもって、当該地方公共団体の意思が決定される場合には、団体意思の決定として、原則として長と議会の双方に提出権がある。

5　誤り。委員会の議案提出について、出席議員の全会一致は要件とされていない（法109条６項）。

正解　1

《問題36》───定例会と臨時会

議会の会議に関する記述として、正しいものはどれか。

1 　議会の会議には、定例会と臨時会があり、臨時会は会議の性格から、その会期は普通地方公共団体の長が定めることとされている。

2 　議会は定例会と臨時会とされ、定例会は毎年４回以内で条例により定める回数招集され、臨時会は必要がある場合にその事件に限り招集される。

3 　議会は、条例により、定例会・臨時会の区分を設けず、通年の会期とすることができ、その場合には会議を開く定例日を条例で定める。

4 　臨時会の開会中に緊急を要する事件があるときであっても、会議に付すべき事件の告示は必要であり、直ちにこれを付議することができない。

5 　長等が議場に出席できない正当な理由を議長に届けたときには、出席義務は通年会期の場合には解除されるが、定例会及び臨時会では解除されない。

●解説

　地方公共団体の議会は、定例会及び臨時会とされ、会期及びその延長並びにその開閉に関する事項は、議会がこれを定める（法102条1項・7項）。

　留意すべきは、通年会期の仕組みが導入されている点である。すなわち、普通地方公共団体の議会は、法102条の例外として、条例で定めるところにより、定例会及び臨時会とせず、毎年、条例で定める日から翌年の当該日の前日までを会期とすることができる（法102条の2第1項）。

1　誤り。議会の会期、その延長並びにその開閉に関する事項は、議会が定める（法102条7項）ので、臨時会の会期を長が定めることはない。

2　誤り。定例会は、毎年、条例で定める回数招集しなければならないが、法律上では、上限はない（法102条2項）。その他の点は、正しい（同条1項・3項）。

3　正しい。法102条の2第1項・6項。

4　誤り。臨時会に付議すべき事件は長あるいは議長があらかじめ告示しなければならないが、肢の場合には、告示を省略して直ちに付議できる（法102条4項～6項）。

5　誤り。通年会期、定例会・臨時会を問わず、議長に届け出ることで、出席義務は解除される（法121条1項ただし書）。

正解　**3**

《問題37》―――招集と会期

難易度 ★★

議会の招集と会期に関する記述として、正しいものはどれか。

1 議員からの臨時会の招集の請求に対して長が臨時会の招集義務を負うのは、議員定数の過半数以上の議員からの要求でなければならない。

2 定例会の会期は、その重要性から条例で定めるものとされ、臨時会の会期はその性格から、普通地方公共団体の長が定めるものとされている。

3 議長は、議会運営委員会の議決を経て、当該普通地方公共団体の長に対し、会議に付議すべき事件を示して臨時会の招集を請求することができる。この請求があったときは、当該普通地方公共団体の長は、請求のあった日から20日以内に臨時会を招集しなければならない。

4 地方自治法の規定により議員又は議長から臨時会の招集請求を行ったにもかかわらず、長が同法の規定に従って臨時会を招集しないときは、議長が臨時会の招集義務を負う。

5 議会の招集は開会の日前の法定の日までに告示しなければならないが、緊急を要する場合には告示を省略できるとされている。

●解説

　議会の招集は、原則として長が行う（法101条1項〜4項）。例外として、臨時会については、議長が招集できる場合がある（同条5項・6項）。

　会期については、議会が定めることとされている（法102条7項）。なお、条例により、定例会・臨時会と区別せず、通年の会期とすることができることとされている点に留意（通年会期制。法102条の2）。

1　誤り。議員定数の過半数ではなく、4分の1以上の者は、長に対し、臨時会の招集を請求でき、これに対し、長は、20日以内に招集する義務を負う（法101条3項・4項）。

2　誤り。議会の自律性の保障の趣旨から、議会の会期及びその延長並びに開閉に関する事項については、全て議会が定めることとされている（法102条7項）。

3　正しい。法101条2項・3項。

4　誤り。議長の臨時会招集請求（法101条2項）に対し、長が応じない場合には、議長は、臨時会を招集することができる（招集権の付与）のであって、招集を義務付けられているわけではない（同条5項）。これに対し、少数議員による招集請求（同条3項）に対し、長が応じない場合には、議長は、少数議員の申出に基づき、招集義務を負う（同条6項）。

5　誤り。法101条7項ただし書の「この限りでない」とは、緊急を要する場合は、法定の期限までに告示することを要しないということであり、告示そのものは必要であると解されている。

正解　3

《問題38》──請願

難易度　★

請願に関する記述として、正しいものはどれか。

1 議会は、その普通地方公共団体のどの機関でも措置することが不可能な事項を内容とする請願は、不受理としなければならない。

2 請願することができる者は、自然人でも法人でもよいが、議会で審議するので、当該普通地方公共団体の区域内に住所を有する者に限られる。

3 議会は、採択した請願で長その他の執行機関が措置することが適当なものは、これらの者に送付し、その処理の経過と結果の報告を請求できる。

4 陳情は、請願と同じ内容ではあっても、紹介議員がないものであるので、議会においては、要件が整っていても受理されないことが通例である。

5 議会に請願をしようとする者は、その意思を明確にするために、2名以上の議員の紹介により、請願書を提出しなければならない。

●解説

　請願は、国又は地方公共団体の機関に対して希望を述べることであり、憲法により保障されている（憲法16条）。官公署に対する請願について規定する請願法の他に、国会に対する請願は国会法に、地方議会に対する請願は地方自治法に規定されている。

1　誤り。請願は、形式や手続が整っていれば受理しなければならない。肢の内容のような請願は、受理したうえで不採択とすることになる（行実昭25.12.27）。

2　誤り。請願は「何人も」することができるので、請願することができる者については、住所の要件はなく、国籍、選挙権の有無も問わない。

3　正しい。法125条。

4　誤り。普通地方公共団体の議会では、陳情も請願の例により処理することとしているのが通例であり、実質的には請願と同じ扱いがされている。

5　誤り。議会に請願しようとする者は、議員の紹介によることが必要であるが（法124条）、紹介議員の数は問題ではなく１人でもよい。なお、令和６年４月から、各議会の判断により請願書の提出についてオンラインにより行うことが可能とされている（法138条の２第１項）。

正解　3

《問題39》──── 議会の解散

難易度 ★★

議会の解散に関する記述として、正しいものはどれか。

1 普通地方公共団体の議会の解散に関する特例法によれば、議決により議会の解散が決定され、長の告示により解散の効果が生じる。

2 議会の解散とは、長が全議員の資格を失わせることであり、首長主義が採用されている現行の地方自治制度のもとでの長の議会に対する優位があらわれている。

3 議会の解散の請求は、議員の一般選挙のあった日又は議会解散の住民投票のあった日から1年間は、これを行うことはできない。

4 議会の解散は極めて限定的に行われるものであり、直接請求による場合と、不信任議決に対する長の解散権の行使による場合に限られている。

5 地方自治法の定める手続により、議員数の4分の3以上の議員が出席し、その5分の4以上の同意があれば、議会は自主的に解散できる。

●解説

　議会の解散とは、議員の任期満了の前に、議員全員の資格を奪い、現存する議会の組織を廃止することである。解散は、長によるものだけではなく、住民の直接請求に基づく場合、特例法に基づき議会が自主解散する場合がある。

1　誤り。長の告示は、解散の要件ではない。議員数の4分の3以上の議員が出席し、その5分の4以上の同意で解散の議決があったときは、その時点で解散する（議会解散特例法2条）。

2　誤り。議会の解散とは、現存する議会の組織を廃止することであるが、長によるものだけでなく、解散の直接請求によるもの、特例法による議会の自主解散がある。

3　正しい。肢は、解散請求の制限期間の説明であり条文通りである（法79条）。これは、住民が選挙により選んだ議員を、あまりに短期間で、その資格を失わせることが、適正な参政権の行使とは考えられないからである。

4　誤り。議会の解散が行われる場合としては、肢にある場合のほか、特例法により議会が自主解散する場合がある。また、長の解散権の行使は、非常費などの削除又は減額がなされた場合（法177条3項）も可。

5　誤り。議会が自主解散できるのは、地方自治法ではなく、「地方公共団体の議会の解散に関する特例法」に基づく場合である（議会解散特例法1条、2条）。

正解　3

《問題40》───議会の地位及び権限

難易度　★

普通地方公共団体の議会の地位及び権限に関する記述として、正しいものはどれか。

1　町村は、条例で議会を置かずに、選挙権の有無にかかわらず、全ての住民が参加資格を有する総会を設けることができる。

2　普通地方公共団体の議会は、その普通地方公共団体の全ての事務について普通地方公共団体の意思を決定する権限を有する。

3　議会の事務局は、議会の庶務を処理し、自主的活動を確保するためには不可欠であり、都道府県及び市町村においては必置機関とされている。

4　住民の代表機関である普通地方公共団体の議会は、国会が国権の最高機関であるのとは異なり、普通地方公共団体の最高機関ではない。

5　普通地方公共団体の議会は、法律の範囲内で条例を制定できることから、その普通地方公共団体における唯一の立法機関であるといえる。

　普通地方公共団体の議会の地位については、国会とは異なり最高の機関ではないこと、議会と長がともに住民の直接選挙によって選ばれ、ともに住民の代表機関となる首長主義を採用していることが基本である。

1　誤り。町村では、条例により議会を置かずに、選挙権を有する者の総会を設けることができるとされている（法94条）。

2　誤り。議会は普通地方公共団体の意思決定機関であるが、その対象は全ての事務に及ぶわけではない。議会は、法により議決すべきとされている事項（法96条）について普通地方公共団体の意思を決定し、執行機関の一定の事項について意思決定する権限を有する。

3　誤り。議会事務局は、都道府県では法により必置とされているが、市町村では、条例により設置することができるとされている（法138条1項・2項）。

4　正しい。普通地方公共団体では、議会と長がともに住民の直接選挙によって選ばれ、ともに住民の代表機関となる首長主義を採用している（憲法93条）。議会と長は対等の関係にあり、それぞれの権限を自らの責任において行使する。

5　誤り。普通地方公共団体が定める条例のほか、普通地方公共団体の長が定める規則も、憲法で定める条例（憲法94条）に含まれると解されているので、議会は唯一の立法機関ではない。

正解　4

《問題41》―――普通地方公共団体の長の地位・権限①

難易度　★

普通地方公共団体の長の地位及び権限に関する記述として、正しいものはどれか。

1　普通地方公共団体の長は、住民の直接選挙によって選ばれ、その被選挙権の年齢に関する要件は、都道府県知事、市町村長に差異はない。

2　普通地方公共団体の長及び議会は、住民の直接選挙によって選ばれた住民の代表であり、ともに当該普通地方公共団体を代表する。

3　長が担任する事務については、地方自治法では限定列挙しており、明文で規定していない事務は、他の執行機関に属する。

4　普通地方公共団体の長は、普通地方公共団体の議会の議員及び常勤の職員だけでなく、短時間勤務職員とも兼ねることはできない。

5　長が指揮監督することができるのは補助機関たる職員であり、当該普通地方公共団体の区域内の社会福祉団体等の公共的団体を指揮監督することはできない。

●解説　　58、26、60、61ページ

　長はその普通地方公共団体を統括するとともに、代表する機関である。長は、その普通地方公共団体の事務を管理し、及びこれを執行する。法律又は政令により他の執行機関の権限とされた事務以外の事務は、長が管理・執行する。

1　誤り。長の被選挙権については、都道府県知事は満30年以上の者、市町村長については満25年以上の者とされている（公職選挙法10条1項）。

2　誤り。普通地方公共団体を統括しこれを代表するのは、長である（法147条）。なお、「代表」とは、長が当該普通地方公共団体の意思を決定し外部に表示する全般的な権限を有することを意味する。

3　誤り。長が担任する事務は概括的に列挙されており（法149条）、法令により他の機関の権限と明文で規定されていない事務は、包括的に管理執行権を有する長の権限に属する（法148条）。

4　正しい（法141条2項）。その他、長は衆議院議員又は参議院議員と兼ねることができない（同条1項）。

5　誤り。長の権限として、職員の指揮監督権（法154条）とともに、公共的団体等の活動の総合調整を図るための指揮監督権（法157条1項）について規定されている。

正解　4

《問題42》───普通地方公共団体の長の地位・権限②

難易度 ★

普通地方公共団体の長の地位及び権限に関する記述として、正しいものはどれか。

1 普通地方公共団体の長は、任期が4年となっているが、この任期は延長することが可能であり、延長の手続が法に定められている。

2 普通地方公共団体の長は、法律又は政令により他の執行機関の権限とされた事務以外の事務について、当然にその権限として管理し及び執行することができる。

3 普通地方公共団体の長は、選挙権を有する者の総数の一定数の連署により長の解職請求がなされた場合には、直ちにその職を失う。

4 普通地方公共団体における会計事務をつかさどるのは、会計管理者の権限であるから、普通地方公共団体の長は、会計管理者の職務に関し指示命令を行うことはできない。

5 普通地方公共団体の長は、政治的理由ではなく自らの健康上の理由により退職する場合には、議会の議長に申し出る必要はない。

●解説

　長はその普通地方公共団体を統括するが、「統括」とは、当該団体の事務全般について、総合的統一性を確保する権限を有することである。また、地方自治法では、長の担任する事務を概括的に列挙している。

1　誤り。普通地方公共団体の長の任期の延長については認められず、したがって延長に関する法的な手続は規定されていない（法140条1項）。

2　正しい。肢の通りである（法148条）。なお、法に示されている長の担任事務は、制限列挙ではなく概括列挙であるとされている（法149条）。

3　誤り。選挙権を有する者の総数の一定数の連署をもって解職請求がなされ（法81条1項）、その後の解職の投票において、過半数の同意があったときに、長はその職を失う（法83条）。

4　誤り。会計事務は、会計管理者がつかさどるが（法170条1項）、長は、会計を監督する権限を有しており（法149条5号）、会計管理者に対して必要な指示命令を行うことができる。

5　誤り。長は、理由が何であれ退職しようとする場合には、議会の議長に申し出なければならないとされている（法145条）。

正解　2

《問題43》————普通地方公共団体の長の地位・権限③

難易度 ★★

普通地方公共団体の長の地位及び権限に関する記述として、正しいものはどれか。

1 普通地方公共団体の執行機関は、その担任する事務について、長の指揮監督を受けることなく、自らの判断と責任において、管理及び執行する。

2 普通地方公共団体の事務の管理執行権について、どの執行機関に属するものか明らかでない場合には、長と議会が協議のうえ、当該権限の帰属を決定する。

3 都道府県は、市町村を包括する上級官庁であり、都道府県知事は、常に市町村長の上級庁たる地位に立つものとされている。

4 長は、その普通地方公共団体の執行機関相互の間にその権限につき疑義が生じたときは、いずれの権限に属するものであるかについて裁定することができる。

5 普通地方公共団体の執行機関は、国の各省に相当し、長の統括の下にそれぞれ明確な範囲の所掌事務と権限を有する執行機関によって、系統的にこれを構成される。

●解説

　普通地方公共団体の執行機関は、長のほか、委員会又は委員が置かれ多元的である。執行機関は、その担任する事務について、自らの判断と責任においてその普通地方公共団体の意思を決定し、表示する。

1　正しい。肢の内容の通りである（法138条の2の2）。

2　誤り。普通地方公共団体の事務を執行することは、一般に長の権限とされ（法149条9号）、明文の規定により他の執行機関の権限とされているもの以外は、長の権限であるとの推定を広く受けるものと解される。

3　誤り。都道府県と市町村は、対等・協力の関係にあり、上下の関係に立つものではない。なお、機関委任事務の廃止にともない、知事が市町村長の上級庁になる規定は削除された。

4　誤り。長は、執行機関相互の間の権限を調整するように努めなければならないが（法138条の3第3項）、裁定する権限はない。

5　誤り。普通地方公共団体の執行機関は、長の所轄の下に置かれており（法138条の3第1項）、各省のように内閣の統括の下に置かれ（国家行政組織法2条2項、3条3項）、指揮監督を受ける関係にはない。

正解　1

《問題44》───── 長の職務の代理・委任①

難易度 ★★

　長の職務の代理又は委任などに関する記述として、正しいものはどれか。

1　長が担任する事務として、地方自治法149条各号に、議案の提出、予算の調製・執行等の事務が限定列挙されている。

2　長は、その権限を長以外の者に行使させることができるが、地方自治法に定められている方法は、代理及び委任に限られている。

3　長の職務代理者が代理し得る範囲は、原則として長の権限の全てに及ぶが、議会の解散、副知事、副市町村長等の任命等、長たる地位又は身分に付随する一身専属的な権限については及ばないと解されている。

4　長は、その権限に属する事務の一部をその補助機関である職員に臨時に代理させることができ、代理した場合の当該事務の権限は一時的に長から職務代理者に移ることになる。

5　長は、その権限に属する事務の一部をその補助機関である職員に委任することができるが、当該普通地方公共団体の委員会に委任することはできない。

●解説

　長の権限の代行制度には、長の職務代理、長の権限の委任及び補助執行の3つがある。

　職務代理においては、代理者は、長の名と責任において長の職務権限を代わって行使し、当該代理行為は、長の行為として当該地方公共団体に帰属する。法定代理（法152条）と任意代理（法153条1項）がある。

　長の権限の委任の場合は、委任に係る事務が受任者の職務権限となり、その事務については受任者が専ら自己の名と責任において処理する。長は自らこれを処理する権限を失う。長は、その権限に属する事務の一部をその補助機関である職員又はその管理に属する行政庁に委任できる（法153条1項・2項）。

　補助執行とは、長の権限を内部的に委任して、補助して執行させるものであり、対外的には長の名で執行される。あくまで内部的行為であって一般的には法令上の根拠は不要とされるが、他の執行機関の職員による補助執行が定められている（法180条の2）。

1　誤り。長が担任する事務は概括的に列挙されており（法149条）、法令により他の機関の権限と明文で規定されていない事務は、包括的に管理執行権（法148条）を有する長の権限に属する。

2　誤り。補助執行もある。

3　正しい。

4　誤り。代理の場合は、代理者は長の名と責任において長の職務権限を代わって行使する。

5　誤り。長は、その権限に属する事務の一部を、当該地方公共団体の委員会と協議して、委員会に対し、委任することができる（法180条の2）。

正解　3

《問題45》───長の職務の代理・委任②

(難易度★★★)

長の職務の代理及び委任などに関する記述として、正しいものはどれか。

1 普通地方公共団体の長は、その権限に属する事務の全部又は一部をその補助機関である職員に臨時に代理させることができるとされている。

2 普通地方公共団体の長の権限を他の者に行わせる方法としては、代理と委任があるが、権限の委任は代理の一種であるとされている。

3 長は、その普通地方公共団体の委員会又は委員との協議によりこれらの執行機関の事務を補助する職員に、その権限に属する事務の一部を委任することができる。

4 授権代理がされた場合には、当該事務の権限は代理者に属し、普通地方公共団体の長は、代理者を指揮監督することができない。

5 長は、当該普通地方公共団体の職員をして、臨時に代理させることができるが、この場合の職員には、行政委員会の職員も含まれる。

●解説

　長の職務の代理は、長の権限の全部又は一部を他の者が長の名において行い、長はその権限を失わない。長の職務が委任された場合には、受任者の名と責任において行われ、長は委任した範囲で権限を失う。

1　誤り。補助機関である職員に臨時代理させられるのは、長の権限に属する事務の一部である（法153条1項）。

2　誤り。委任の場合には、長はその権限を失い受任者が自己の名と責任において、当該権限を行使するが、代理の場合にはその権限を失わない。

3　正しい。肢の内容は、妥当である（法180条の2）。自らの補助機関である職員に委任し、又は臨時に代理させることもできる（法153条1項）。

4　誤り。授権代理の場合には、委任とは異なり、当該事務は依然として長の権限であるので、長は代理者を指揮監督することができる。

5　誤り。長は、その権限に属する事務を当該団体の職員に臨時に代理させることができる（法153条1項）。臨時代理には、長の補助機関ではない行政委員会の職員は含まれない。

正解　3

《問題46》————副知事・副市町村長①

難易度 ★★

　副知事及び副市町村長に関する記述として、正しいものは
どれか。

1　副市町村長とは異なり、副知事は、都道府県に置くこと
　が義務付けられており、定数については条例で定めるこ
　ととされている。

2　副知事、副市町村長の職務は、その普通地方公共団体の
　長を補佐することであり、自ら政策及び企画をつかさど
　るものではない。

3　自らの職務に責任を持たせるため、その普通地方公共団
　体において選挙権を有しない者は、副知事、副市町村長
　になることはできない。

4　副知事、副市町村長は、任期が法定されているが、任期
　中であっても、長は副知事、副市町村長を解職すること
　ができるとされている。

5　副知事、副市町村長は、当該普通地方公共団体に対して
　請負をする法人の無限責任社員となることは一切禁止さ
　れており、これに該当するときは当然に失職する。

●解説

　都道府県に副知事、市町村に副市町村長を置く。ただし、条例で置かないことができ、その定数は条例で定める。副知事、副市町村長は長が議会の同意を得て選任し、任期は4年であるが、長は任期中でも解職できる。

1　誤り。副知事、副市町村長とも、条例で置かないことができるとされている（法161条1項ただし書）。なお、その定数は条例で定める（法161条2項）。

2　誤り。副知事、副市町村長の職務には、普通地方公共団体の長の補佐のほかに、その命を受けて政策及び企画をつかさどることがある（法167条1項）。

3　誤り。公職選挙法の規定に該当して選挙権及び被選挙権を有しない場合には欠格事由となるが、その普通地方公共団体において選挙権を有する必要はない（法164条）。

4　正しい。副知事、副市町村長の任期は4年とされているが（法163条）、長は、任期中においても、副知事、副市町村長を解職することができる（同条ただし書）。

5　誤り。副知事、副市町村長は、当該普通地方公共団体が出資している法人で政令により定めるものを除いて、当該団体に対し請負をする法人の無限責任社員等になることはできず、これに該当した場合は長が解職しなければならないとされている（法166条2項・3項）。

正解　4

《問題47》────副知事・副市町村長②

難易度　★

副知事及び副市町村長に関する記述として、正しいものはどれか。

1　副知事、副市町村長は、任期中に退職しようとするときは、退職しようとする20日前までに、原則として議会の議長に申し出なければならない。

2　副知事、副市町村長は長を補佐する特別職であるが、長の補助機関である一般職の担任する事務を監督することはできる。

3　副知事、副市町村長は、選挙により選ばれる長とは性格が異なるので、衆議院議員又は参議院議員を兼ねることはできるとされている。

4　副知事、副市町村長は、長が議会による不信任議決によって失職する場合には、連帯した責任があるので同時に失職するとされている。

5　その普通地方公共団体の長又は監査委員と親子、夫婦又は兄弟姉妹の関係にある者は、副知事、副市町村長になることはできない。

●解説

　副知事、副市町村長は①長を補佐し、②長の命を受け政策及び企画をつかさどり、③長の補助機関である職員の担任する事務を監督し、④長に事故があるとき・長が欠けたときに長の職務を代理する。

1　誤り。知事の職務代理を行っている副知事、副市町村長は議会の議長に退職を申し出なければならない（法165条1項）が、これ以外の通常の副知事、副市町村長については長に退職を申し出る（同条2項）。

2　正しい。副知事、副市町村長は、長を補佐する一方で、長の命を受け政策及び企画をつかさどり、その補助機関である職員の担任する事務を監督する（法167条1項）。

3　誤り。普通地方公共団体の長と同様に、衆議院議員又は参議院議員を兼ねることはできない（法166条2項）。

4　誤り。地方自治法は、副知事、副市町村長の欠格事由（法164条）、退職（法165条）は定めているが、長が不信任議決により失職した場合に、副知事、副市町村長も同時に失職する規定はない。

5　誤り。会計管理者には肢のような制限があるが、副知事、副市町村長にはない（法169条）。

正解　2

《問題48》———会計管理者

難易度★★★

会計管理者に関する記述として、正しいものはどれか。

1 会計管理者は、普通地方公共団体の長の補助機関である職員のうちから、議会の同意を得て、当該普通地方公共団体の長が任命する。

2 普通地方公共団体の長、副知事若しくは副市町村長又は当該普通地方公共団体の議会の議員と親子、夫婦又は兄弟姉妹の関係にある者は、会計管理者になることはできない。

3 会計管理者は会計事務の責任者であるので、その行う会計事務の一部を、自らの責任と判断で出納員に委任することができる。

4 会計管理者は、法令又は予算の定めるところに従い、その普通地方公共団体の支出の原因となるべき契約その他の行為を行う。

5 会計管理者は、その普通地方公共団体の決算を調製し、これを普通地方公共団体の長に提出し、長は、これを議会の認定に付する。

●解説

　会計管理者は、かつての出納長又は収入役とは異なり、長の補助機関である職員のうちから、長が議会の同意を得ることなく任命する。会計管理者はその普通地方公共団体の会計事務をつかさどり、長は会計を監督する。

1　誤り。特別職であった従前の出納長と異なり、一般職である会計管理者の任命には議会の同意は不要である（法168条2項）。

2　誤り。議員と親子等の関係にある者は、会計管理者になることはできる。長・副知事・副市町村長のほか、監査委員と親子等の関係にある者は、会計管理者になることはできない（法169条1項）。

3　誤り。会計管理者の事務の一部を出納員に委任させることができるのは、会計管理者ではなく当該普通地方公共団体の長である（法171条4項）。

4　誤り。会計管理者の職務は、普通地方公共団体の支出の原因となるべき契約その他の行為、すなわち支出負担行為に関する確認を行うことであり（法170条2項6号）、支出の原因となるべき行為は含まれない。

5　正しい。法149条4号、170条2項7号、233条1項。

正解　5

《問題49》───附属機関

難易度 ★★

附属機関に関する記述として、正しいものはどれか。

1 普通地方公共団体は、法律又はこれに基づく政令の定めるところにより、執行機関の附属機関を置くことができる。

2 普通地方公共団体が置くことができる附属機関は、自治紛争処理委員、審査会、審議会、調査会その他の調停、審査、諮問又は調査のための機関である。

3 附属機関は、執行機関の行政執行のために、又は行政執行に伴い必要な調停、審査等を行うことを職務とするために、執行権を有する機関である。

4 附属機関を組織する委員その他の構成員は、原則として非常勤とされるが、条例により常勤とすることもできる。

5 附属機関の庶務は、執行機関からの独立性を確保するため、法律又はこれに基づく政令に特別の定めがあるものを除き、附属機関においてつかさどるものとされる。

●解説

　地方公共団体は、法律又は条例の定めるところにより、執行機関の附属機関として、自治紛争処理委員、審査会、審議会、調査会等の機関を置くことができる（法138条の4第3項）。附属機関は、執行機関に附属して、その要請により、執行機関が行政事務を管理執行するに当たって必要となる事項に関し、調停、審査、審議又は調査等を行う（法202条の3第1項）。行政組織の一部であるが、自ら主体的に直接住民に対する行政執行を行うものではない。

1　誤り。附属機関の設置は、法律又は条例の定めるところによる（法138条の4第3項）。

2　正しい。法138条の4第3項。

3　誤り。附属機関は基本的に行政執行を行うものではない。

4　誤り。附属機関を組織する委員その他の構成員は非常勤である（法202条の3第2項）。条例によって常勤としこれに給料を支給するようなことは許されない。なお、非常勤として報酬の支給を受ける（法203条の2）。

5　誤り。附属機関の庶務は、法律又はこれに基づく政令に特別の定めがあるものを除くほか、附属機関にそれ独自の補助職員を置くことはできず、附属機関の属する執行機関においてつかさどるものとされている（法202条の3第3項）。

正解　2

《問題50》━━━━補助機関

難易度　★

補助機関に関する記述として、正しいものはどれか。

1　専門委員は、普通地方公共団体の長の委託によって調査研究を行う非常勤の職員であり、長の補助機関である。

2　会計管理者は、会計事務について適正な執行を確保するため、普通地方公共団体の長から独立した権限を有し、補助機関には該当しない。

3　副知事及び副市町村長は、普通地方公共団体の長を補佐するスタッフであるから、普通地方公共団体の長の補助機関である職員の担任する事務を監督することはできない。

4　副知事及び副市町村長は、普通地方公共団体の長を補佐する最高の補助機関であるから、人選は普通地方公共団体の長の裁量に委ねられ、その選任に当たって議会の同意を得る必要はない。

5　長の補助機関である専門委員の勤務実態は多様であるので、常設の専門委員は常勤、臨時に設置される専門委員は非常勤とされている。

● **解説**

　補助機関とは、地方公共団体の長の職務執行を補助することを任務とする機関であり、副知事及び副市町村長（法161条～167条）、会計管理者（法168条～170条）、出納員その他の会計職員（法171条）、職員（法172条）、専門委員（法174条）などがある。

1　正しい。法174条参照。

2　誤り。会計管理者は一般職の職員であり、長の意思決定を補助する役割を持つので、長の補助機関に該当する（法168条2項）。

3　誤り。副知事及び副市町村長は、普通地方公共団体の長の補助機関である職員の担任する事務を監督する（法167条1項）。

4　誤り。副知事及び副市町村長の選任は、議会の同意を得て行う（法162条）。

5　誤り。専門委員は、長の権限に属する事務に関し必要な調査を行う長の補助機関であるが、専門委員は非常勤とされている（法174条3項・4項）。

正解　1

《問題51》───地方公共団体の組織

難易度 ★★

地方公共団体の組織に関する記述として、正しいものはどれか。

1 支庁、地方事務所、支所等の地方出先機関を設ける場合、交通の事情を考慮することは望ましいが、他の官公署との関係について適当な考慮を払う必要はない。

2 普通地方公共団体の長の権限に属する事務を分掌させるために設けることができる内部組織の数は、地方自治法により明記されている。

3 支庁、地方事務所、支所等の地方出先機関を設ける場合、その位置及び所管区域については条例で定めなければならないが、名称については条例で定める必要はない。

4 都道府県又は市町村の内部組織の編成に当たっては、それぞれ他の都道府県の局部の組織又は他の市町村の部課の組織との間に均衡を失しないように定めなければならない。

5 普通地方公共団体は、協議により規約を定め、共同して、議会の事務局、長の内部組織、委員会又は委員の事務局を設置することができる。

●解説

　長は、その権限に属する事務を分掌させるため、必要な内部組織を設置できる。内部組織の編成に当たっては、事務・事業の運営が簡素かつ効率的なものとなるように十分配慮するものとされている（法158条2項）。

1　誤り。肢の場合には、交通の事情、他の官公署との関係等について適当な考慮を払わなければならないとされている（法155条3項、4条2項）。

2　誤り。以前は都道府県について局部数が法定されていた（旧法158条1項）が、削除された。

3　誤り。支庁、地方事務所、支所等の地方出先機関を設置する場合には、その名称についても条例で定める必要がある（法155条2項）。

4　誤り。以前存在した都道府県又は市町村の内部組織について他の都道府県又は市町村との均衡を求める規定（旧法158条2項・7項）は削除され、現行法上、そのような規定は存在しない。

5　正しい。法252条の7。なお、委員会又は委員の共同設置も可能。

《問題52》───再議制度①

難易度★★★

**地方自治法に定める再議に関する記述として、正しいもの
はどれか。**

1　普通地方公共団体の長は、その議会の議決について異議
　があるときは、否決された議決であっても、その議決の
　日から10日以内に理由を示して、これを再議に付するこ
　とができる。

2　長は、議会の議決が違法であると認めるときは、再議に
　付さなければならず、なお、再議決の結果がなお違法で
　あると認めるときは、当該議決を取り消す裁定ができる。

3　再議制度は、普通地方公共団体の長と議会の対立を調整
　する制度であるので、普通地方公共団体の長は、再議に
　付す際には、必ず理由を示さなければならない。

4　長は、普通地方公共団体の義務に属する経費を削除又は
　減額する議決を再議に付しても、なお、削除又は減額す
　る議決がなされたときは、当該経費を支出することがで
　きない。

5　長は、議会が非常災害費を削除又は減額する議決をした
　場合は、再議に付することなく、原案執行権に基づき必
　要な経費を支出することができる。

P&C 参照ページ
72、74、75ページ

●解説

　条例・予算以外の議決事件（総合計画など）も一般再議（一般的拒否権）の対象となっており、その再議決要件は過半数とされていることに留意（法176条1項〜3項）。なお、以前、特別拒否権として存在した収支不能議決に対する再議の制度は廃止され、一般再議の対象となっている。

1　誤り。一般再議に付することができるのは、その議決が効力を生ずること又はその執行に関し異議・支障のある議決であるとされ、否決された議決は、効力・執行上の問題は生じないため再議の対象とはならない（行実昭26.10.12）。

2　誤り。前半は正しい。再議決の結果がなお違法であると認めるときは、知事は総務大臣、市町村長は知事に対して審査を申し立てることができ、総務大臣又は知事は、審査の結果、議会の議決が違法であると認めるときは、当該議決を取り消す旨の裁定をすることができる（法176条4項〜6項）。

3　正しい。長は再議の理由を示す必要があり、肢の説明は、妥当である（法176条1項・4項、177条1項）。

4　誤り。普通地方公共団体の義務に属する経費を削除又は減額する再議決がなされたときは、当該経費及びこれに伴う収入を予算に計上して経費を支出できる（法177条2項）。

5　誤り。議会が非常災害費を削除又は減額する議決をした場合は、理由を示して再議に付さなければならない。再議の結果、なお削除又は減額する議決をした場合には、長はその議決を不信任の議決とみなすことができる（法177条1項2号・3項）。

正解　3

《問題53》——— 再議制度②

難易度★★★

地方自治法に定める再議に関する記述として、正しいものはどれか。

1 　長は、条例の制定若しくは改廃、予算に関する議決に異議があるときは、これを再議に付することができ、出席議員の3分の2以上で同様の議決がなされたときは、議決は確定する。

2 　長は、議会の議決がその権限を超え又は法令等に違反するときは、再議に付することなく、直接裁判所に出訴することができる。

3 　長は、議会が義務費を削除又は減額する議決をした場合は、再議に付さなければならず、再議の結果、なお義務費を削除又は減額したときは、不信任の議決とみなせる。

4 　長は、議会における各種計画の策定の議決について異議があるときは、これを再議に付することができ、出席議員の3分の2以上で同様の議決がなされたときは、議決は確定する。

5 　長は、議会の議決について異議があるときは、再議に付することができ、なお同じ議決がなされたときは、議会を解散できる。

●解説

　再議制度とは、長が議会の議決、選挙などに異議がある場
合に、その効力の発生を拒否し、再度の審議・選挙を要求す
る制度であり、「議決が確定する」「不信任とみなされる」等、
結果が異なるので、違いを整理することが必要である。

1　正しい。肢の説明は、妥当である（法176条1項〜3項）。

2　誤り。議会の議決がその権限を超え又は法令等に違反す
　　るときは、直接裁判所に出訴することはできず、まずは、
　　再議に付さなければならない（法176条4項〜7項）。

3　誤り。議会が義務費を削除又は減額する議決をした場合
　　に再議に付した結果、なお同じ議決がなされたときは、
　　その経費及びこれに伴う収入を予算に計上して支出でき
　　る（法177条1項1号・2項）。不信任の議決とは、みな
　　されない。

4　誤り。条例又は予算以外の議決の再議決要件は、過半数
　　である（法176条1項〜3項）。

5　誤り。いわゆる「一般拒否権」による再議の結果なお同
　　じ議決がなされたときは、その議決は有効に成立する（法
　　176条1項・2項）。

正解　1

《問題54》────再議制度③

難易度★★★

地方自治法に定める再議に関する記述として、正しいものはどれか。

1 長は、議会の議決について異議があり再議に付したにもかかわらず、なお、執行できない議決がなされたときは、不信任の議決とみなすことができる。

2 長は、議会の総合計画の議決について異議があるときは、法律に特別の定めがあるものを除くほか、その議決の日から10日以内に再議に付することができる。

3 長が、条例の制定若しくは改廃又は予算議決について異議があるとして再議に付した結果、なお同じ議決がなされたときは、その議決を不信任とみなして、議会を解散できる。

4 普通地方公共団体の議会は、会期制となっているので、普通地方公共団体の長は、議会の議決について異議がある場合であっても、議会が閉会したときは、開会前の議決について再議に付することができない。

5 長は、議会が感染症予防費などの必要経費を減額する議決をしたときは、再議に付し、なお、同じ議決がなされたときは、その経費を予算に計上して支出できる。

●解説

　議会の議決又は選挙に関する再議権に関する問題は、関係する条文（法176条〜178条）の理解が重要である。内容がやや錯綜しているので、各事項の関係を体系的に整理することが必要である。

1　誤り。不信任の議決とみなすことができるのは、非常災害による応急復旧施設・感染症予防経費について削除又は減額する再議決である（法177条3項）。

2　正しい。一般再議の対象には、条例又は予算の議決以外の議決案件（総合計画など）も含まれる（法176条1項）。

3　誤り。条例の制定若しくは改廃又は予算議決について異議があるとして再議に付した結果、なお同じ議決がなされたときは、その議決が確定する（法176条2項）。

4　誤り。10日以内であれば、再議に付するべき議決が行われた会期と同一会期でなくとも差し支えなく、10日の期限内であれば臨時会を招集して再議に付することもできる（法176条1項）（行実昭26.10.12）。

5　誤り。議会が感染症予防費などの必要経費を減額する議決をし、再議の結果、なお、同じ議決がなされたときは、その議決を不信任とみなすことができる（法177条1項2号・3項）。長において、不信任とみなさず、議会を解散しない場合、再議決された内容に基づいた予算執行を行うことができる。

正解　2

《問題55》———再議制度④

（難易度★★★）

長の一般的拒否権に関する記述として、正しいものはどれか。

1 長は、条例の制定若しくは改廃又は予算など議会の議決について異議があるときは、これを再議に付することができるが、再議に付する際には理由を示さなくてもよい。

2 議案が修正されて議決された場合には、議会の意思はより明確に示されているので、長は異議がある場合であっても再議に付することはできない。

3 予算に関する議決が否決されたときは、長の基本的な施策が同意されなかったことになるので、長は必ずこれを再議に付さなければならない。

4 長は、条例の制定若しくは改廃について異議があるときは、これを再議に付することができ、再議の結果、出席議員の過半数の同意により再議決がされたときは、議決は確定する。

5 条例については、異議ある条文のみならず、条例全体が再議に付されるが、審議の対象は異議ある部分に限られるとされている。

●解説

　地方行政は、長と議会が相互の牽制と均衡によって調和ある行政を確保しようとするが、両者が対立した場合に、地方行政の停滞と混乱を避けるために、再議、不信任議決、解散、専決処分などの調整方法が法定されている。

1　誤り。再議に付するには、理由を示さなければならない（法176条1項）。なお、再議に付されると、議会の議決はさかのぼって、効力を失うと解される。

2　誤り。修正された議決もそれが一定の効果を持つ限り、議員発案のものを含めて長は異議ある場合に、再議に付することができる。

3　誤り。条例の制定若しくは改廃や予算に関する議決について異議があるときに、これを再議に付するか否かは、長の判断による（法176条1項）。

4　誤り。条例又は予算以外の議会の再議決要件は過半数であるが、肢の場合には、出席議員の3分の2以上の同意という特別多数決を必要とする（法176条1〜3項）。

5　正しい。審議の効率を考えれば、肢の内容は妥当である（行実昭39.4.9）。

正解　**5**

《問題56》————不信任議決と議会の解散①

難易度★★★

議会の不信任議決と議会の解散に関する記述として、正しいものはどれか。

1 議会は、その議員数の4分の3以上が出席し、その3分の2以上の同意を得ることにより、長の不信任の議決を行うことができる。

2 不信任議決は、重要な事案であるので、辞職勧告案の議決、信任案の否決など、不信任が明確にあらわれていない議決は不信任とは解されない。

3 長が案件を提出する際、当該案件の否決は不信任とみなす旨の意思表示があれば、当該案件の否決は不信任議決とみなされる。

4 不信任の議決に対抗して長が議会を解散した場合、その解散後初めて招集された議会において議員数の3分の2以上の者が出席し過半数の者の同意により再度不信任の議決があったときは、長はその職を失う。

5 予算案に対する大幅な削除減額の議決は、その意義が政治的に重大であるので、長に対する不信任の議決とみなされることがあるとされる。

●解説

　議会は、その議員数の3分の2以上が出席し、その4分の
3以上の同意を得て、地方公共団体の長の不信任の議決を行
える。議長から不信任の通知を受けた長は、通知を受けた日
から10日以内に議会を解散できる。

1　誤り。不信任の議決は、議会の議員数の3分の2以上が
　　出席し、その4分の3以上の同意を得る必要がある（法
　　178条3項）。

2　誤り。辞職勧告案の議決、信任案の否決など、不信任で
　　あることが明確な場合も不信任議決と解される。

3　誤り。不信任の議決は明確でなければならない。長が案
　　件を提出する際、当該案件の否決は不信任とみなす旨の
　　意思表示があっても、当該案件の否決は不信任議決では
　　ない（和歌山地判昭27.3.31）。

4　正しい（法178条）。なお、長が議会による再度の不信任
　　の議決でその職を失うのは、不信任の議決に対する解散
　　後初めて招集された議会において再び不信任の議決が
　　あった場合であり、その後の議会で不信任の議決があっ
　　た場合には、議会を解散することができる。

5　誤り。予算案に対する削減の議決は、その意義が政治的
　　に重大であって長に対する不信任の意思を内包していて
　　も、不信任の議決には当たらない（青森地判昭23.2.27）。

正解　4

《問題57》───不信任議決と議会の解散②

難易度 ★★

議会の不信任議決と議会の解散に関する記述として、正しいものはどれか。

1 不信任は政治的に重大な案件であるので、議会は、長の不信任の議決をするときは、その理由を明らかにしなければならない。

2 長が提案した感染症予防の経費を議会が削除した場合、長が再議に付しても議会がなお同じ議決をした場合、長は不信任議決とみなして議会を解散できる。

3 議会が長の不信任の議決を行ったときは、その通知を受けた日から10日以内に、長は議会を解散するか、辞職しなければならない。

4 議会が再議に付された非常災害応急の経費を削除又は減額する議決を行った場合、長はその議決を不信任とみなすか、専決処分を行うか選択できる。

5 長が議会を解散することができるのは、議会が長の不信任案を議決した場合に限られ、その議決がない場合に解散することはできない。

　長が議長から不信任の通知を受けて、10日以内に議会を解散しない場合には、長はその期間経過日に失職する。議会が解散され、解散後初めて招集された議会において再び不信任の議決があったときは、長は失職する。

1　誤り。不信任の議決をすることができる場合に法律上の制限はないので、長の不信任の理由を明らかにする必要はないと解される。

2　正しい。肢の場合、不信任議決とみなすことができ（法177条1項2号・3項）、長はその議決を受けた日から10日以内に議会を解散できる。

3　誤り。議会が長の不信任の議決を行い、その通知を受けた日から10日以内に議会を解散しないときは、長はその職を失うのであり（法178条2項）、辞職するわけではない。

4　誤り。不信任の議決とみなすことはできるが（法177条1項2号・3項）、専決処分は法定要件に該当しないので行うことはできない（法179条）。

5　誤り。議会が、非常災害による応急若しくは復旧の施設のために必要な経費又は感染症予防のために必要な経費を削除し、又は減額する議決をし、再議に付してもなお同様の議決をしたときは、長は、その議決を不信任の議決とみなし、議会を解散できる（法177条1項2号・3項）。

正解　2

《問題58》———専決処分①

難易度★★★

専決処分に関する記述として、正しいものはどれか。

1 長は、議会が議決すべき事件を議決しないときは、専決処分することができるが、専決処分の対象には、副知事、副市町村長及び指定都市の総合区長の選任の同意も含まれる。

2 条例及び予算の専決処分について議会が不承認としたときは、長は条例の一部改正や補正予算の提出などの特定の措置を講じ、議会に報告しなければならない。

3 議会の委任により長が専決処分できる事項は、議会の権限に属する軽易な事項で議決により特に指定したものであり、その例として請願の採択がある。

4 長は、特に緊急を要するため議会を招集する時間的余裕がないことが明らかであると認めるときは、専決処分をすることができるが、次の会議において議会の承認が得られなくても、専決処分の法的効力に影響はない。

5 議会の権限に属する事項に関し、長の専決処分に委ねるため指定した後であっても、当該指定事項に関して行った議会の議決は有効である。

●解説

　長の専決処分に関しては、地方自治法179条、180条の理解が重要であるが、さらに、行政実例の知識も必要となる。基本的な例題に当たりながら、条文とともに、基本的な行政実例も覚えておくことが必要である。

1　誤り。副知事、副市町村長及び総合区長の選任の同意については、専決処分の対象ではない（法179条1項ただし書）。

2　誤り。条例及び予算の専決処分が不承認のときは、長は必要な措置を講じ、議会に報告することが義務付けられているが、肢のような措置に限定されるわけではなく、措置の内容は長が適切に判断する（法179条4項）。

3　誤り。議会の委任により長が専決処分できる事項は、議会の権限に属する軽易な事項である（法180条1項）。請願の採択は、軽易な事項ではないため、これには該当しない。

4　正しい。肢の説明は、妥当である（法179条1項・3項）。長の政治的な責任が残るのみである（行実昭26.8.15）。

5　誤り。長の専決処分に委ねるため指定した後は、その権限は議会から長に移り、以後議会が当該事項について議決しても無効である。ただし、議会は将来に向かって指定を廃止する旨の議決をできる（行実昭35.7.8）。

正解　4

《問題59》―――専決処分②

難易度　★★

専決処分に関する記述として、正しいものはどれか。

1　長は、特に緊急を要するため議会を招集する時間的余裕がないことが明らかであると認めるとき専決処分をすることができるが、それを認めるかどうかは、長の裁量に属し、客観性がなくてもその処分は違法ではない。

2　条例の制定は、議会の専属的事項に属し、議会が議決すべき事項であることから、いかなる場合であっても長が専決処分することはできない。

3　議会の委任による専決処分については、議会は議決により専決処分事項を指定しているため、長は専決処分したことを議会に報告する必要はない。

4　長が行った議会の委任による専決処分について、次の議会においてその処分を報告しなかったときは、この専決処分は撤回されたものとみなされる。

5　議会の権限に属する軽易な事項について、専決処分事項に指定する議案は、その内容の性格上、長はその提案権を有しない。

●解説

　専決処分とは、地方公共団体の議会が議決又は決定しなければならない事項を、一定の場合に、長が代わって処理することである。これは、必要な議決が得られない緊急の場合、議会が長に委任する場合等に認められる。

1　誤り。特に緊急を要するため議会を招集する時間的余裕がないことが明らかであると認める場合の認定は長の裁量によって決定されるべきであるが、その認定が客観的に誤っているときは、その処分は違法となる（行実昭26.8.15参照）。

2　誤り。議会が成立しない場合、特に緊急を要するため議会を招集する時間的余裕がないことが明らかであるなどの場合において、条例の制定を専決処分することは可能である。

3　誤り。法律の規定による専決処分は、議会に報告し、承認を得なければならない（法179条3項）。議会の委任による場合は、承認を得る必要はないが、報告は必要である（法180条2項）。

4　誤り。長は、委任された事項について専決処分をしたときは、議会に報告しなければならないが（法180条2項）、報告しなくても処分の効力には影響がない。

5　正しい。専決処分事項の指定議案については、議会の議員にその発案権が専属するものと解されている。

正解　5

《問題60》——専決処分③

難易度 ★★

　専決処分をすることができる場合の組合せとして、正しいものはどれか。

A　現に在職する議員数が議員定数の半数に満たず、議会が成立しないとき。

B　議会において決定すべき事件を決定しないとき。

C　議会において普通地方公共団体の義務に属する経費を減額する議決をしたとき。

D　議会の議決に重大かつ明白な瑕疵があると長が認めるとき。

E　普通地方公共団体の議会の権限に属する軽易な事項のうち、当該地方公共団体の規則により特に指定したものがあるとき。

1　A、B

2　A、C

3　B、D

4　C、E

5　D、E

●解説

法律の規定による専決処分は、次の4つの場合に認められる（法179条1項・2項）。
①議会が成立しないとき。具体的には、在職議員の総数が議員定数の半数に満たないとき。議会が招集に応じないときとは異なることに留意。
②地方自治法113条ただし書で定める定足数の例外が認められる場合においてなお会議を開くことができないとき。
③長において、特に緊急を要するため議会を招集する時間的余裕がないことが明らかであると認めるとき。
④議会において議決・決定すべき事件（条例の制定改廃、予算その他の法96条1項各号の事件、同意、その他法令により議会の権限とされている事項は一切含まれる）を議決しないとき。
　（注）議会において行う選挙は含まれない。また、不信任の議決、地方自治法99条の意見書の提出等執行と関係のない議決についても適用はないと解されている。
　　　　副知事又は副市町村長の選任の同意及び指定都市の総合区長の選任の同意は明文をもって対象外とされている（法179条1項ただし書）。
　議会の権限に属する軽易な事項で、その議決により特に指定したものは、長において専決処分にすることができる（法180条1項）。
A　専決処分できる。議会が成立しないときである。
B　専決処分できる。
C　専決処分の対象ではない。なお、長は理由を示して再議に付さなければならない（法177条1項）。
D　専決処分の対象ではない。なお、長は、理由を示して再議に付さなければならない（法176条4項）。
E　専決処分の対象ではない。議会の議決により指定したものが対象となる（法180条1項）。

正解　1

《問題61》―――行政財産①

行政財産に関する記述として、正しいものはどれか。

1　行政財産とは、公有財産のうち、現に公用又は公共用に供している財産をいい、道路予定地のように公共用に供することを予定している財産は含まれない。

2　普通財産とは異なり、行政財産は公用又は公共用に用いられているので、貸付け、交換、売払い、譲与の対象となることは、一切できない。

3　行政財産の目的外使用にあっては、借地借家法の適用があるので、公用、公共用に供するための必要性が生じたときでも、許可を取り消すことはできない。

4　行政財産の目的外使用許可を取り消した場合には、いかなる事情があっても使用者に対して補償することはないと解されている。

5　行政財産は普通地方公共団体において公用又は公共用に供し、又は供することと決定した財産をいい、庁舎は行政財産に当たる。

●解説

　行政財産とは、所有する普通地方公共団体によって公用又
は公共用に供し、又は供することと決定した財産（例えば、
庁舎、市民センターなど）であるが、行政財産についても、
用途又は目的を妨げない限りにおいて使用させることができ
る。

1　誤り。行政財産とは、普通地方公共団体において公用又
　は公共用に供し又は供することと決定した財産をいい
　（法238条4項）、いわゆる予定公物も含まれる。
2　誤り。行政財産は、その用途又は目的を妨げない限度に
　おいて、貸付け又は私権の設定ができる（法238条の4
　第2項）。
3　誤り。行政財産の目的外使用許可については、借地借家
　法の適用がないので、公用、公共用に供するための必要
　性が生じたときは、一方的に許可を取り消すことができ
　る（法238条の4第8項・9項）。
4　誤り。地方自治法上、行政財産の使用許可の取消しの場
　合の損失補償の規定は設けられていないが、使用者に有
　責事由がある場合は別にして、許可の取消しによって使
　用者に損失が生じる場合には、補償する必要が生じると
　解されている（最判昭49.2.5）。なお、使用期間の定
　めがない場合は、特別の事情がない限り、損失補償の対
　象とならない（同判決）。
5　正しい。行政財産とは、所有する普通地方公共団体によっ
　て、公用、公共用に供される財産であり、庁舎、市民セ
　ンターなどが代表例である。

正解　5

《問題62》——行政財産②

難易度 ★★

行政財産に関する記述として、正しいものはどれか。

1 公営住宅の入居資格を有する者に対する入居の許可は、行政財産の目的外使用の許可に当たると解される。

2 地方自治法に違反して、行政財産を貸し付け、交換し、売り払い、譲与し、又はこれに私権を設定することはできないが、これを行った場合には取り消すことができる。

3 行政財産の使用を許可した場合であっても、公用又は公共用に供するために必要が生じたときは、これを取り消すことができる。

4 行政財産である土地は、その有効利用を図るため、当該地方公共団体を受益者として、政令で定める信託の目的によりこれを信託することができる。

5 庁舎は行政目的に使用されるので、庁舎等の床面積又は敷地に余裕がある場合であっても、当該地方公共団体以外の者にその余裕がある部分を貸し付けることはできない。

●解説

　行政財産は、その用途又は目的を妨げない限度においてその使用を許可できる。長又は委員会は、公用又は公共用に供するため必要が生じたとき、許可の条件に違反すると認めるときは、使用許可を取り消せる。

1　誤り。公営住宅は行政財産であるが、入居資格を有する者への入居許可は、本来目的での使用許可であり、目的外使用の許可ではない。なお、公営住宅の使用関係は、公営住宅法及びそれに基づく条例に特別の定めがない限り、原則として民法及び借地借家法が適用されると解されている（最判昭59.12.13）。

2　誤り。地方自治法に違反して、行政財産を貸し付け、交換し、売り払い、譲与し、又はこれに私権を設定した場合、その行為は無効（法238条の4第6項）であり、取り消す余地はない。

3　正しい。肢の説明は、妥当である（法238条の4第9項）。なお、普通財産を貸し付けた場合も、肢のような状況の際には、解除権を留保していなくても、その契約を解除できる（法238条の5第4項）。

4　誤り。行政財産である土地については、行政遂行のための物的手段として利用される財産であるので、土地信託は認められない（法238条の4第1項）。

5　誤り。行政財産は、その用途又は目的を妨げない限度において、貸し付け、又は私権を設定できるが、肢の場合も認められる余地がある（法238条の4第2項4号）。

正解　3

《問題63》————普通財産①

難易度　★★

普通財産に関する記述として、正しいものはどれか。

1　普通財産は、間接的に普通地方公共団体に貢献させるために管理又は処分されるものであり、いかなる場合も、これを無償で譲渡することはできない。

2　普通財産は、普通地方公共団体において公用又は公共用に供し、又は供することを決定した財産であり、その用途を廃止した後の財産は普通財産ではない。

3　普通財産を売り払う際に一定の用途並びにその用途に供する期日及び期間を指定した場合に、買受人が指定された期日までにその用途に供しないときは、その契約を解除できる。

4　普通財産は、行政財産以外の一切の公有財産であり、歳計現金、普通地方公共団体が使用のために保管する動産が含まれる。

5　普通財産の貸付契約には、民法の規定が適用され、公用又は公共用に供する必要が生じた場合においても、貸付契約を解除することはできない。

●解説

　普通財産とは、行政財産以外の一切の公有財産であり、一般私人と同等の立場で経済価値を保全発揮するために管理する財産である。普通財産の管理については、地方自治法、民法の規定を適確に理解する必要がある。

1　誤り。無償での譲渡、すなわち譲与は、普通財産の場合、条例又は議会の議決によれば行うことができる（法96条1項6号、法237条2項）。

2　誤り。前段の説明は、行政財産の説明であり、行政財産の用途を廃止した後の財産は普通財産となる。

3　正しい。法238条の5第6項・7項。

4　誤り。公有財産は、法238条1項に掲げられているものに限られる。歳計現金は財産ではあるが、現金出納保管の規定により管理され（法235条の4第1項、施行令168条の6）、使用のために保管する動産は財産区分上、物品として管理される（法239条）。

5　誤り。普通財産については、原則として一般私法が適用されるが、公益優先の見地から民法の一般原則の特例として、契約の一般的解除権の特例規定が設けられており、公用又は公共用に供する必要が生じた場合には、貸付契約を解除することができる（法238条の5第4項）。

正解　3

《問題64》————普通財産②

難易度 ★★

普通財産に関する記述として、正しいものはどれか。

1 普通財産である国債その他政令で定める有価証券を、当該の普通地方公共団体を受益者として信託することはできないとされている。

2 用途を指定して普通財産を売り払った場合、相手がその指定された用途を廃止しても、長は当該売買契約を解除することはできない。

3 普通財産の売払代金は、国又は他の地方公共団体が当該財産の譲渡を受ける場合に限り、延納の特約をすることができる。

4 普通財産は、目的や相手方を問わず交換することができるが、価額が異なる場合であっても差金で補填する必要はないとされている。

5 公用又は公共用に供する必要が生じて、普通財産の貸付契約を解除した場合、契約の相手方は解除によって生じた損失の補償を請求できる。

●**解説**

　普通財産は、行政財産と異なり、その管理処分によって収益を得ることを主たる目的とし、特定の行政目的に使用されない財産なので、その性質上貸付などの行為は、効率的運用の面から許される。

1　誤り。普通財産のうち国債などの有価証券は、指定金融機関等にその価額に相当する担保の提供を受けて貸し付ける方法により運用することを目的とする場合に、信託できる（法238条の5第3項）。

2　誤り。長が一定の用途を指定して普通財産を売り払った場合に、その用途を廃止したときは、長は、その契約を解除できる（法238条の5第6項・7項）。

3　誤り。延納の特約ができるのは、国又は他の地方公共団体が当該財産の譲渡を受ける場合以外にも、政令により認められている（施行令169条の7第2項）。

4　誤り。普通財産は、原則として私権の対象とすることができるので、交換は可能であるが、価額が異なる場合は差金で補填する必要がある（法238条の5第1項・7項、施行令169条の7第1項）。

5　正しい。普通地方公共団体側の理由により、契約を解除されているので、相手側は損失の補償を請求することが認められている（法238条の5第4項・5項）。

正解　5

《問題65》———基金①

難易度 ★★

基金に関する記述として、正しいものはどれか。

---

1 基金のうち、財産を維持するための基金については、普通地方公共団体の長は、毎会計年度、その運用状況を示す書類を議会に提出しなければならない。

2 基金の管理については、基金に属する財産の種類に応じ、収入若しくは支出の手続、歳計現金の出納若しくは保管、公有財産若しくは物品の管理若しくは処分又は債権の管理の例による。

3 基金は条例に基づき設置されるが、基金の管理及び処分に関する事項は、実務的な内容であるので必ずしも条例で定める必要はないとされている。

4 基金は独自の会計処理が認められており、基金の運用から生ずる収益は、歳入歳出予算に計上しないで、基金の管理費に充当することができる。

5 決算上剰余金を生じた場合等に行われる積立金は、基金ではあるが、地方財政法に根拠があるので条例により設置する必要はない。

　基金とは、普通地方公共団体が特定の目的のために財産を維持管理する目的で設置するものである。地方自治法上の基金としては、積立基金と運用基金の2種類がある。基金の設置は条例によらなければならない。

1　誤り。運用状況を示す書類を議会に提出しなければならないのは、定額の資金を運用するための基金である（法241条5項）。

2　正しい。基金の内容は個々の財産であるので、肢の説明は、妥当である（法241条7項）。

3　誤り。基金の管理及び処分に関する事項についても、設置と同様に条例で定めることが義務付けられている（法241条8項）。

4　誤り。総計予算主義の原則から、基金の運用から生ずる収益は、毎会計年度の歳入歳出予算に計上しなければならない（法241条4項）。

5　誤り。基金の設置は、条例によるものとされる（法241条1項）。地方財政法7条による積立金は、基金としての条例を必要とする（行実昭41.6.30）。

正解　2

《問題66》——基金②

難易度 ★★

基金に関する記述として、正しいものはどれか。

1 普通地方公共団体は、条例の定めるところにより、特定の目的のために財産を維持し、資金を積み立て、又は定額の資金を運用するための基金を設けなければならない。

2 普通地方公共団体は、特定の目的のために資金を積み立てるための基金を設置した場合、当該目的のためでなければ、元本に当たる資金及び運用から生ずる収益を処分して使用することができない。

3 特定の目的のために定額の資金を運用するための基金は、特定の事務又は事業の運営の手段として設けられるものであり、例えば、施設の建設資金を調達するための積立金等が該当する。

4 基金の運用から生じる収益は、基金の目的外での利用を防止するため、毎会計年度の歳入歳出予算に計上してはならず、基金の管理に要する経費は、毎会計年度の歳入歳出予算に計上しなければならない。

5 特定の目的のために定額の資金を運用するための基金について、普通地方公共団体の長は、3年に一度、その運用の状況を示す書類を作成し、会計管理者の意見を付けて、議会に提出しなければならない。

●解説

　基金の運用管理については、地方自治法241条 2 項から 8 項までに、次のような原則が定められている。

①条例で定める特定の目的に応じ、及び確実かつ効率的に運用しなければならない。

②特定目的基金については、当該目的のためでなければ財産の処分はできない。なお、基金を処分して設置目的のために使用する場合は、当該基金に属するものが現金である場合には、処分による収入及び経費の全てを歳入歳出予算に計上しなければならない（行実昭39.12.24）。

③運用収益及び管理経費は、それぞれ毎会計年度の歳入歳出予算に計上しなければならない。

④定額運用基金については、長は、毎会計年度、その運用状況を示す書類を作成し、監査委員の審査に付し、その意見を付けて、決算説明書類と併せて議会に提出しなければならない。

⑤基金の管理は、属する財産の種類に応じ、収入・支出の手続、歳計現金の出納・保管、公有財産・物品の管理又は処分、債権の管理の例による。

⑥基金の管理・処分に必要な事項は条例で定める。

1　誤り。基金の設置は任意（法241条 1 項参照）。

2　正しい。法241条 3 項。

3　誤り。施設の建設資金を調達するための積立金等は、「特定目的基金」であり、「定額運用基金」ではない。

4　誤り。法241条 4 項。

5　誤り。運用状況を示す書類の作成は毎会計年度であり、また、付する意見は監査委員の意見である（法241条 5 項）。

正解　2

《問題67》————債権

難易度 ★★

地方自治法に定める債権に関する記述として、正しいものはどれか。

1 地方自治法に定める債権とは、税金等公法上の金銭の給付を目的とする普通地方公共団体の権利のみならず、物件の売払債権等の私法上の債権も含まれる。

2 普通地方公共団体の金銭給付を目的とする債権が時効により消滅しても、法律に特別の定めがある場合を除くほか、その債務者は、その利益を放棄して履行することができる。

3 地方税法の規定に基づく債権、過料に係る債権、預金に係る債権については、地方自治法に定める債権管理の規定が適用される。

4 普通地方公共団体の長は、債権について、条例の定めるところにより、その徴収停止又は履行期限の延長をすることができるが、当該普通地方公共団体の議会の議決を経なければ、当該債権に係る債務の免除をすることはできない。

5 債権とは、金銭の給付を目的とする普通地方公共団体の権利であり、地方税、分担金、使用料などのように、法令又は条例にその徴収について規定のあるものをいう。

●解説

　債権とは、債権者が債務者に対して一定の行為あるいは給付を請求することを内容とする権利をいう。長は、債権について、履行期限までに履行しない者があるときは、期限を指定してこれを督促するほか、強制執行その他保全及び取立てに関し必要な措置をとらなければならない。

1　正しい。公法上の金銭の給付を目的とするものに限定されない（法240条1項）。

2　誤り。普通地方公共団体の金銭給付を目的とする債権は、時効の利益の放棄を認めると、債権債務がいつまでも不確定になるため、法律に特別の定めがある場合を除き、時効の利益を放棄することができない（法236条2項）。

3　誤り。他の法律に特別の定めのあるもの、債権として管理するのが適当でないもの等は、地方自治法の債権管理の規定は適用を除外されている（法240条4項）。

4　誤り。債権の徴収停止、履行期限の延長又は当該債権に係る債務の免除は、政令の定めるところによる（法240条3項、施行令171条の5～7）。なお、債務者が無資力等の状態であって、一定期間を経てもなおその状態であり弁済の見込みがないと認められる等の場合には、議会の議決なしに債務の免除が可能（施行令171条の7）。

5　誤り。債権とは、金銭の給付を目的とする普通地方公共団体の権利であり、法令又は条例にその徴収について規定があるかどうかを問わない（法240条1項）。

正解　1

《問題68》————物品

普通地方公共団体の物品に関する記述として、正しいものはどれか。

1　物品は、会計管理者が保管するが、その出納には普通地方公共団体の長の通知を要しない。

2　物品に関する事務に従事する職員は、その取扱いに係る物品を、当該普通地方公共団体から譲り受けることは制限されていない。

3　物品とは、普通地方公共団体の所有に属する動産及び不動産並びに普通地方公共団体が使用のために保管する動産のことをいう。

4　普通地方公共団体の所有に属する動産は物品であるが、現金（現金に代えて納付される証券を含む）、公有財産に属するもの又は基金に属するものは、物品からは除かれる。

5　物品として管理するためには、当該普通地方公共団体の所有に属していることが必要であり、借用しているものや占有しているものは物品として管理することはできない。

◉解説

　物品は普通地方公共団体の所有に属する動産（現金（現金に代えて納付される証券を含む）、公有財産に属するもの又は基金に属するものを除く）、及び普通地方公共団体が使用のために保管する動産（都道府県警察が使用している国有財産及び国有の物品を除く）をいう。

1　誤り。会計管理者は、長の通知がなければ、物品の出納をすることはできない（施行令170条の3）。

2　誤り。物品に関する事務に従事する職員は、その取扱いに係る物品を、特定の場合を除き当該普通地方公共団体から譲り受けられない（法239条2項）。これに違反する行為は、無効となる（同条3項）。

3　誤り。物品とは、普通地方公共団体の所有に属する動産は含まれるが、所有に属する不動産は含まれない（法239条1項）。

4　正しい。この他に、普通地方公共団体が使用のために保管する動産が物品とされている（法239条1項）。

5　誤り。物品には、普通地方公共団体の所有に属する動産のほか、普通地方公共団体が使用のために保管する動産（都道府県警察が使用している国有財産・国有の物品を除く）も含まれる（法239条1項、施行令170条）。

正解　4

《問題69》───公有財産

公有財産に関する記述として、正しいものはどれか。

1 普通地方公共団体の委員会又は委員は、公有財産を取得し、又は行政財産の用途を変更しようとするときは、長に協議しなければならず、協議が整わなければ行うことはできない。

2 公有財産に関する事務に従事したことのある職員は、その取り扱っていた公有財産を譲り受け、又は自己の所有物と交換することはできない。

3 市町村の住民の中で旧来の慣行により特に公有財産を使用する権利を有する者があるときは、その公有財産の使用ができるが、新たな住民に使用権は付与できない。

4 公有財産である行政財産と普通財産は、議会の議決があればいずれも売り払い、貸付ができ、私法上の契約により私権を設定することができる。

5 普通地方公共団体の財産とは、その所有に属する財産のことであり、不動産や動産、これらの従物、用益物権、無体財産権等がこれに該当するが、債権は含まれない。

●解説

　普通地方公共団体の財産は、公有財産、物品及び債権並び
に基金をいい、公有財産には、社債（短期社債等を除く）、
地方債、国債等の債権が含まれる。公有財産は、公用又は公
共に供する行政財産と普通財産に分かれる。

1　正しい。妥当である（法238条の2第2項）。この協議が
　整わない限り、肢のような行為をすることはできない。

2　誤り。現在公有財産に関する事務に従事する職員につい
　てはその際取り扱っていた公有財産を譲り受け、又は自
　己の所有物と交換することは禁止されているが、過去に
　おいて公有財産に関する事務に従事していた職員につ
　いてはそうした規則はない（法238条の3第1項）（昭
　38.12.19通知）。

3　誤り。旧来の慣行により特に公有財産を使用する権利を
　有する者があるときは、市町村長は、議会の議決を経て、
　これを新たに使用することを許可できる（法238条の6
　第2項）。

4　誤り。行政財産は公用又は公共用として普通地方公共団
　体の業務遂行のための物的手段として利用される財産で
　あるので、使用に当たっては制約がある（法238条の4）。

5　誤り。普通地方公共団体の財産には、債権も含まれる（法
　237条1項）。

正解　1

《問題70》──条例

難易度★★★

条例に関する記述として、正しいものはどれか。

1　条例には、条例に違反した者に対し、2年以下の自由刑、100万円以下の罰金、拘留、科料若しくは没収の刑又は5万円以下の過料を科する旨の規定を設けることができる。

2　異なる地方公共団体の条例相互の間において優劣の違いはなく、都道府県の条例が市町村の条例に優先するものではない。

3　条例の及ぶ範囲は、原則としてその地方公共団体の区域内に限られるが、その地方公共団体の住民に限っては区域外でも適用される。

4　条例は、公布及び施行されたときから効力を生じるものであり、条例を遡及して適用することは、住民に利益をもたらす場合でも禁止されている。

5　地方公共団体の長は、新たに予算を伴う条例案であっても、当該条例の制定後に必要な予算上の措置が講ぜられればよく、その議会への提出の際に必要な予算上の措置が適確に講ぜられる見込みが得られている必要はない。

●解説

条例は、地方自治の本旨に基づき、直接憲法94条を根拠として、法令の範囲内において、地方公共団体に制定する権限が付与されているものである（自主立法権）。

条例については、その内容（法令の範囲内の解釈）、効力、制定手続等について、きちんとした理解が求められる。

1　正しい（法14条3項）。なお、罰則を含む条例を制定しようとする場合、議会への条例案の提出に先立ち、当該地方公共団体の地域を所管する地方検察庁に協議する慣例がある。

2　誤り。市町村及び特別区は、当該都道府県の条例に違反してその事務を処理してはならないとされている（法2条16項後段）。

3　誤り。条例の効力の及ぶ範囲は、原則として、当該地方公共団体の区域に限定され、区域外には及ばない（属地主義の原則）。公の施設が区域外に設置された場合のように、区域外において住民以外の者にも適用されることがある。

　　住民であれば、区域外でも当然に適用になるわけではない（属人主義ではない）。もっとも、職員の勤務条件に関する条例のように、例外的に、区域を越えて属人的に条例が適用される場合もある。

4　誤り。住民に利益をもたらす場合には、遡及適用も認められる。

5　誤り。普通地方公共団体の長は、予算を伴う条例案については、必要な予算上の措置が適確に講ぜられる見込みが得られるまでの間は、これを議会に提出してはならないとされている（法222条1項）。

正解　1

《問題71》————条例の意義

難易度★★★

条例に関する記述として、正しいものはどれか。

1　憲法では、普通地方公共団体は、法律の範囲内で条例を制定することができるとされているので、一般に、地方自治法の規定に基づいて条例を制定することができる。

2　憲法では、何人も、法律の定めによらなければ刑罰を科せられないとされているから、一般に、条例に罰則を定めるには、個別の法律において委任される必要がある。

3　条例は住民の代表機関である議会によって制定されるから法律に類する法規範であり、普通地方公共団体が制定できる唯一の自主法である。

4　普通地方公共団体の長は、専決処分により条例を制定することができ、次の会議において議会の承認が得られなくても、その効力が失われることはない。

5　住民の権利を制限し、義務を課する権力的作用を内容とする事務については、都道府県はその区域内の市町村の要望により、条例で必要な規定を設けることができる。

●解説

　近年の地方分権改革の進展により普通地方公共団体の自己決定権が拡大し、条例による行政の積極的な展開が期待される。また、全ての事務が条例制定権の対象になり、「要綱による行政」からの脱却も必要である。

1　誤り。条例は、地方自治の本旨に基づき、直接憲法94条により法律の範囲内において制定する権能を認められた自治立法であると解されている（最判昭37.5.30）。

2　誤り。判例は、条例に罰則を設けることができる根拠については、①条例は議会によって制定されるから法律に類する法規範であること、ないし②地方自治法14条3項の規定による委任を受けていることを理由にしている（最判昭37.5.30）。いずれの説によっても個別の法律による委任は必要としない。

3　誤り。普通地方公共団体が定める自主法は、条例の他に長が定める規則がある（法14条1項、15条）。長は、法令に違反しないかぎりにおいて、規則を制定することができる。

4　正しい。議会の承認は長の行った処分の責任を解除するためのものであるから、議会の承認が得られなかった場合も、長の政治的責任は別として、法律上処分の効力に影響はない（行実昭26.8.15）。

5　誤り。住民の権利を制限し、義務を課する権力的作用を内容とする「行政事務」の概念が廃止されたことにより、肢のような統制的な条例は廃止された。

正解　4

《問題72》———条例の効力①

難易度★★★

条例の効力に関する記述として、正しいものはどれか。

1　上乗せ条例とは、法令と同一の目的で、法令の規制していない事項について規制する条例のことであり、法令に違反しないとされる。

2　都道府県は市町村の公権力の行使に関する事務について、条例で必要な規定を設けることができ、これに違反する条例は無効とされる。

3　条例は、当該普通地方公共団体の区域内においてのみ適用されるが、その区域内においては、当該普通地方公共団体の住民ではない一時滞在者にも効力が及ぶ。

4　横出し条例とは、法令と同一の目的で、同一の事項について、より厳しい内容の規制をする条例のことであり、違法とされる。

5　普通地方公共団体は、それぞれが独立した団体であるので、市町村は、当該都道府県の定める条例に制約を受けることなく、条例を制定できる。

●解説

　条例制定権の範囲では、法令と同一の目的で、法令の規制していない事項について規制する「横出し条例」と、法令と同一の目的で、同一の事項についてより厳しい内容の規制をする「上乗せ条例」について留意したい。

1　誤り。肢の内容は、「横出し条例」のことであり、横出し条例が許容されるかは、法令がその規制対象事項以外は規制を否定する趣旨か、ナショナル・ミニマムのみを規制し地方公共団体の必要に応じて規制項目を追加することを許容する趣旨であるかにより判断される。

2　誤り。平成11年の地方自治法の改正により「行政事務」という区分が廃止されたことにともない、肢の内容である規定は削除された。

3　正しい。条例は、その区域内であれば、当該普通地方公共団体の住民であるか否かを問わず、全ての者に適用される。若干の例外として、公の施設を区域外に設置した場合など、条例が区域を越えて適用される。

4　誤り。肢の内容は、「上乗せ条例」のことであり、法律が全国一律の均一的な規制をしているときは、条例を制定できないが、法律が最小限のナショナル・ミニマムについて規制しているときは、条例を制定できる。

5　誤り。条例は自主立法権ではあるが、国の法秩序の下にあるので、市町村は当該都道府県の条例に違反して、条例を制定することはできない。

正解　3

《問題73》——条例の効力②

難易度 ★★

条例の効力に関する記述として、正しいものはどれか。

1 条例は、法律と抵触することはできないが、国の行政機関が制定する法規範である命令と抵触しても、特に問題はないとされている。

2 法律で規定されている事項であっても、その規定と趣旨や目的が異なれば、同一事項について条例で規定したとしても、法律に違反しない。

3 法律不遡及の原則があるので、条例についても遡及適用することは、条例の適用を受ける者の不利益になり、法的安定性を害するので認められることはない。

4 法律がその事項について規定していない理由が、法律によって規制することができないという趣旨である場合でも、条例であれば規制することはできる。

5 条例の形式的効力は法律より劣るので、法律とは異なり、特例事項を規定する条例が、一般的事項を規定する条例に優先することはない。

●解説

条例は、自主法として、当該普通地方公共団体の区域内においてのみ適用される。しかし、同時に、条例は国の法令とともに国法全体の秩序の中にあるので、国の法令の内容と矛盾・抵触することは許されない。

1 誤り。普通地方公共団体は、法令に違反しない限りにおいて条例を制定できる（法14条1項）。法令としては、法律のほか、国の行政機関が制定する命令も含まれる。

2 正しい。「特定事項についてこれを規律する国の法令と条例とが併存する場合でも、後者が前者とは別の目的に基づく規律を意図するものであり、その適用によって前者の規定の意図する目的と効果をなんら阻害することがないとき」は、条例が国の法令に反するという問題は生じない（最大判昭50.9.10）。

3 誤り。法律の適用を受ける者が不利益にならない場合には、法的安定性が害される心配はないので、遡及適用が可能となる。条例では、貸付金条例、職員の給与条例について額を上げる場合などは、遡及適用が可能となる。

4 誤り。条例は法令に違反できないので、法律によって規制できない場合には、条例によっても規制することはできないと解される。

5 誤り。形式的効力が等しい条例間において、特別法と一般法の関係があるときは、一般的な慣行として特別法に相当する条例が優先適用される。

正解 **2**

《問題74》————条例の制定権の範囲と限界

難易度★★★

条例制定の範囲に関する記述として、正しいものはどれか。

1　法律の効力は条例の効力に優先するので、既に法律により規制がされている事項について、新たに条例を制定することはできない。

2　普通地方公共団体は、法定受託事務については、法令に明記されている場合に限り、条例を制定することができるとされている。

3　公の施設の設置及び管理に関する事項は、長の専属的権限に属するので、条例で定めることはできず、規則によらなければならない。

4　条例は議会の議決により制定されるので、議会の議決権に属する事項に属さない事項については、制定することができない。

5　普通地方公共団体の長その他の執行機関の専属的権限に関する事項については、条例を制定することはできないとされている。

●解説

　法令と条例の関係は次のようになる。①国の法令が規制していない場合には、任意に規制できる。②国が既に法律で規制している場合には、法令の執行を妨げるときに限り、条例を制定できない。

1　誤り。法律と同一事項の規制を条例により行う場合には、法令の規制と別目的のときや、法律が最小限のナショナル・ミニマムの規制をしているときは、条例を制定できる。

2　誤り。普通地方公共団体は、法令に反しない限り法2条2項の事務について条例を制定できる（法14条1項）。法2条2項では、自治事務及び法定受託事務を区別していない。

3　誤り。公の施設の設置及び管理に関する事項は、条例で定めなければならない（法244条の2第1項）。よって、規則によることはない。

4　誤り。条例は普通地方公共団体の自主法であるので、法令に違反しない限りにおいて、その団体の事務については、全て制定することができる。したがって議会の議決権に属する事項には限定されない。

5　正しい。肢の内容について規制するには、長などが規則を制定することになる。

正解　5

《問題75》―――― 条例と規則

 ★

条例と規則に関する記述として、正しいものはどれか。

1　条例は当該普通地方公共団体の住民に限らず、区域内の全ての者にその効力が及ぶが、規則は住民に対してのみその効力が及ぶ。

2　条例の廃止については、議会を招集する時間的余裕がないときは規則により行うことができるが、次の会議において議会の承認を求める必要がある。

3　住民の代表機関である議会の地位の重みから、長が規則を制定する場合には、当該団体の議会の承認を得なければならない。

4　普通地方公共団体は、条例中に、刑罰を科する旨の規定を設けることができるが、過料を科す旨の規定を設けることはできない。

5　住民の権利を制限し義務を課する事務に関しては、法令で特別の定めがある場合を除き、規則で定めることはできない。

◉**解説**

　条例と規則が共管事項を持ち、条例の内容と規則の内容が相互に矛盾する場合においては、議会が定める基本的な自治法規であることなどから、条例の方が規則に優先するものと考えられる。

1　誤り。条例及び規則は、その地域内においては、たまたま訪れた旅行者も含めて、その区域内の全ての人に対して効力を有するのが原則である。

2　誤り。条例と規則は別個の独立した自主法であるから、条例を廃止するには、条例によらなければならない。なお、専決処分による条例の廃止はあり得る。

3　誤り。規則は条例と同様、自主法の性質を有するので、議会の関与なしに、長が制定するものである。したがって、議会の承認は必要ない。

4　誤り。条例に違反した者に対し、懲役、禁錮などの刑罰を科すほか、5万円以下の過料を科す旨の規定を設けることができる（法14条3項）。

5　正しい。普通地方公共団体は、義務を課し、又は権利を制限するには、法令に特別の定めがある場合を除くほか、条例によらなければならない（法14条2項）。

正解　5

《問題76》——規則①

難易度 ★★

規則に関する記述として、正しいものはどれか。

1 普通地方公共団体の委員会は、法律の根拠にかかわらず、法令又は普通地方公共団体の条例若しくは規則に違反しない限りにおいて、その権限に属する事務に関し、規則その他の規程を定めることができる。

2 普通地方公共団体が義務を課し、又は権利を制限するには、法令に特別の定めがある場合を除いて、規則によらなければならない。

3 普通地方公共団体の長は、当該団体の委員会の権限に属する事項について、法令に特別の定めがある場合を除いて、規則を定めることができる。

4 普通地方公共団体の長が定める規則については、条例と同様に、刑罰を科することができる。

5 普通地方公共団体の長は、その権限に属する事項については、法定受託事務に関しても規則を定めることができる。

●解説

　規則も、条例同様、地方公共団体の自主法の性質を有する。規則は、長や行政委員会が議会の関与なしに制定する。規則は、法令に違反しない限り、法定受託事務を含む執行機関の権限に属する事務について制定することができる（法15条1項）。

1　誤り。普通地方公共団体の委員会は、法律の定めるところにより、法令又は普通地方公共団体の条例若しくは規則に違反しない限りにおいて、その権限に属する事務に関し、規則その他の規程を定めることができるとされている（法138条の4第2項）。

　　これは、委員会が規則その他の規程を制定し得るためには、各個の法律の根拠があることを要するということである。例えば、地方教育行政の組織及び運営に関する法律15条1項、地方公務員法8条5項、警察法38条5項がこれに当たる。

2　誤り。普通地方公共団体は、義務を課し、又は権利を制限するには、法令に特別の定めがある場合を除くほか、条例によらなければならない（法14条2項）。もっとも、条例では、その細目を規則に委任することは可能とされている。

3　誤り。長に肢のような権限は認められていない。法15条1項参照。

4　誤り。規則では刑罰を科することができない。なお、過料を科する旨の規定を設けることができる（法15条2項）。

5　正しい（法15条1項）。

正解　5

《問題77》———規則②

規則に関する記述として、正しいものはどれか。

1　規則は、法律の委任に基づく政令と同様な関係に立つものであり、条例の委任を受け又は条例を執行するために定められるものである。

2　条例は民主的な合議機関である議会が制定するものであるから、独任機関である長の制定する規則に、形式的効力において優先する。

3　議会の議決を要すべき事項に属さない事務であっても、普通地方公共団体の長が、規則を制定することができない事項もある。

4　規則と条例とは、それぞれ別個の法形式であり、規則と条例との共管事項について定める内容が矛盾する場合は、原則として、後から成立したものの効力が優先する。

5　普通地方公共団体の長は、教育委員会や人事委員会など他の執行機関の権限に属する事務についても、規則制定権を有する。

●解説

　規則は普通地方公共団体の自治権の内容として、憲法94条
に基づいて認められたものであり、広義の規則は、普通地方
公共団体の長のほか、行政委員会又は議会が定める規則を含
む。条例と規則の形式的効力に優劣はない。

1　誤り。地方自治法は、大統領制を採用し、議会と長はと
　もに住民を直接代表する立場に立つ。従って、議会が定
　める条例と、長が定める規則とは別個の独立した法規で
　ある。なお、条例でその細目的規定等を規則に委任して
　いる場合には、当該条例と規則は法律とその委任に基づ
　く政令と同様の関係に立つ。

2　誤り。条例も規則も、直接住民から選出される機関によっ
　て制定されるものであるので、その間に形式的効力の優
　劣はない。なお、肢4の解説も参照されたい。

3　正しい。議会の議決を要すべき事項については、規則を
　制定できないことはもちろんであるが（法96条）、条例
　の専管事項については規則を制定できない。

4　誤り。条例と規則との共管事項について定める内容が矛
　盾する場合は、条例の方が議会が定める基本的な自治法
　規であり、また、再議制度などその議決に長も関与する
　機会が認められていることなどから、条例が優先的に効
　力を有するものと解すべきである。

5　誤り。普通地方公共団体の長は、その権限に属する事務
　に関し、規則を制定できるものであり（法15条1項）、
　他の執行機関の権限に属する事務については、規則制定
　権を有しない。

正解　3

《問題78》──条例・規則の制定、公布

難易度 ★★

条例及び規則の制定・公布に関する記述として、正しいものはどれか。

1 普通地方公共団体は、条例を制定し又は改廃したときは、都道府県にあっては総務大臣、市町村にあっては都道府県知事にこれを報告しなければならない。

2 規則への長の署名、その施行期日の特例その他規則の公布に関し必要な事項は、法令又は条例に特別の定めがあるときを除き、条例で定める。

3 条例は、公布によって完全に成立するが、公布の日から起算して10日を経過した日以降でなければ、施行することはできないとされている。

4 条例案の議会への提出は、普通地方公共団体の長及び議会の議員並びに教育委員会、選挙管理委員会などの行政委員会に認められている。

5 地方公共団体の長は、条例の送付を受けた日から20日以内に、再議その他の措置を講じた場合であっても、その旨を明らかにした上で、当該条例を公布しなければならない。

●解説

　条例及び規則の制定、公布、施行に関することは、地方自治法に詳細が定められているので、その基本的な内容は理解しておく必要がある。制定手続きの流れをチャート図で整理すると分かりやすい。

1　誤り。地方分権改革推進計画に基づく義務付けの廃止の一つとして、条例の制定改廃の報告義務は撤廃された（旧法252条の17の11）。

2　正しい。肢の内容は、条文の通りである（法16条4項・5項）。

3　誤り。条例の施行期日は、通常は附則で定められる。この定めがないときは、公布の日から起算して10日を経過した日から施行される（法16条3項）。また、条例が現実に効力を持つには、公布され、かつ施行されることが必要である。

4　誤り。条例の提案権は、長、議員及び議会の委員会が持っている（法149条1号、112条1項、109条6項）。しかし長以外の執行機関には認められていない。なお、条例の発案権として、住民にも直接請求が認められている（法74条1項）。

5　誤り。長は、条例の送付を受けた日から20日以内の条例公布が義務付けられるが、再議その他の措置を講じた場合に限りこの義務付けが解除される（法16条2項）。

正解 **2**

《問題79》——行政委員会制度①

難易度 ★★

行政委員会に関する記述として、正しいものはどれか。

1 普通地方公共団体の執行機関としての委員会又は委員は、条例の定めるところにより、独自にその普通地方公共団体に置くこともできる。

2 行政委員会は、公正中立な立場での行政執行が求められているため、複数の委員がそれぞれ単独で意思決定を行う独任制の執行機関である。

3 普通地方公共団体の委員会又は委員は、その附属機関として、委員会又は委員の規則その他の規程の定めるところにより、調停、審査又は調査のための機関を置くことができる。

4 行政委員会は、法律の定めるところにより、法令又は普通地方公共団体の条例若しくは規則に反しない限りにおいて、規則その他の規程を定めることができる。

5 行政委員会の委員は、普通地方公共団体の議会の同意を経て選任され、あらかじめ任期について定めを置かないなど身分保障がなされている。

●解説

　普通地方公共団体の行政委員会は、独任制の長と異なり、合議制の行政機関であって、長から独立した地位と権限を有し、自らの責任で行政の一部を担当し執行する。法律の定めるところにより設置され、普通地方公共団体が任意に設置することはできない。

1　誤り。普通地方公共団体の執行機関としての委員会又は委員は、法律の定めるところにより置かれ（法138条の4第1項）、条例で置くことはできない。

2　誤り。行政委員会は、通常、複数の委員により構成される合議制の行政機関である。一般に合議制の機関は、意思決定が民主的かつ慎重に行われることが期待でき、公正中立な行政執行に適する。なお、単独でも活動できる独任制の執行機関である監査委員は、通常、行政委員会に含められる。

3　誤り。委員会又は委員を含む執行機関の附属機関は、法律又は条例の定めるところにより置く（法138条の4第3項）。なお、同項ただし書にある政令で定める執行機関は、現在定められていない。

4　正しい。行政委員会は、それぞれ行政執行の権限を有しているので、それを担保するため、規則その他の規程を定めることができる（法138条の4第2項）。

5　誤り。行政委員会の委員の任期については、法律により定められている（法183条1項、197条など）。なお、その選任について必ずしも議会の同意を要するものではない。

正解　4

《問題80》———行政委員会制度②

難易度　★

行政委員会に関する記述として、正しいものはどれか。

1　行政委員会は、原則として職務執行の独立性を確保する
　　ため予算の調製及び執行、議案の提出、決算の提出の権
　　限を有するが、法律に特別の定めがある場合には、これ
　　らの権限を有しない。

2　普通地方公共団体の委員会又は委員が処理するのは、行
　　政の中立性を確保すべき事務、能率的な処理を必要とす
　　る事務又は民主的な手続による処理を必要とする事務で
　　ある。

3　長は、その普通地方公共団体の委員会又は委員と協議し
　　て、その補助機関である職員を、委員会の委員長若しく
　　は委員と兼ねさせることができる。

4　行政委員会は、地方公共団体の機関として独自の権限を
　　与えられているので、市町村間において共同設置するこ
　　とはできない。

5　行政委員会は、長の所轄の下に長から独立して職権を行
　　使し、政治的中立性を確保する観点から、長は行政委員
　　会の職務執行に関して指揮監督権を有しない。

●解説

　法律に特別の定めがある場合を除き、行政委員会又は委員は、予算の調製及び執行、議会への議案の提出、地方税の賦課徴収、分担金・加入金の徴収又は過料を科すこと、決算を議会の認定に付することの権限を有しない。

1　誤り。行政委員会は、法律に特別の定めがある場合を除き、予算の調製及び執行、議案の提出、決算の提出の権限を有しない（法180条の6第1号・第2号・第4号）。

2　誤り。委員会又は委員が設けられる目的は、行政の中立性の確保、専門的知識に基づく公正な処理、権利保護のための公正な手続、利害調整などである。能率的な事務処理、民主的な手続による処理は、長の方が適当である。

3　誤り。長は、その補助機関である職員を、委員会の委員長や委員と兼ねさせることはできない（法180条の3）。

4　誤り。普通地方公共団体は、協議により規約を定め、共同して、委員会又は委員を置くことができる（法252条の7第1項）。

5　正しい。政治的中立性を確保する観点から、公選の長の影響を排除するために、行政委員会は長の指揮監督を受けない。なお、委員の選任においても、議会の同意、選挙等によることとされ、長の影響を排除している。

正解　5

《問題81》————行政委員会制度③

難易度 ★★

行政委員会に関する記述として、正しいものはどれか。

1 行政委員会は、その事務局の運営に関して独立した権限を有しており、長は、行政委員会事務局の職員の身分取扱いについて、勧告することができない。

2 長は、行政委員会と協議して、その権限に属する事務の一部を当該委員会の補助機関に委任、補助執行させることができる。

3 行政委員会は執行機関であるので、長と協議して、当該委員会の所管事務に係る議決事件の議案を、議会に提案できるとされている。

4 普通地方公共団体の委員会又は委員は、事務局の組織又はこれらに属する職員の定数について委員会又は委員の規則を制定又は変更したときは、長に通知しなければならない。

5 普通地方公共団体の委員会又は委員は、当該団体の長の事務を分掌し、自らの判断と責任において、管理し、及び執行する。

●解説

　行政委員会は、通常、独立の事務組織を持ち、委員会を構成する委員が、長の指揮監督に服することなく独立して、自らの権限と責任において行政事務を管理し執行する。また、委員には身分保障が認められている。

1　誤り。長は執行機関を所轄するものとして総合調整権を持つが、行政委員会事務局の組織又はその職員の定数や身分取扱いについては、「勧告」することができるとされている（法180条の4第1項）。

2　正しい。長は、行政委員会と協議して、委員会、委員長、委員、補助機関にその権限に属する事務の一部を委任又は補助執行させることができる（法180条の2）。

3　誤り。行政委員会は、議決事件の提案権は認められていない（法180条の6第2号）。

4　誤り。委員会又は委員の権限、組織等については、その独自性が確保されているが、長が執行機関を所轄するものとして総合調整権を発揮するため、一定の場合について、あらかじめ長と協議しなければならない（法180条の4第2項）。

5　誤り。普通地方公共団体の委員会又は委員は、執行機関であり、長の事務を分掌するのではない。なお、「分掌」とは、一定の機関の権限に属する事務を事務処理の便宜のために、特定の部局の者に分けて処理させることをいう。

正解　2

《問題82》――監査委員①

難易度 ★★

監査委員に関する記述として、正しいものはどれか。

1 監査委員は、監査等を行うに当たっては、監査基準に従うこととし、監査基準は、監査委員が定めて、公表しなければならない。

2 監査委員による監査は、普通地方公共団体の財務に関する事務の執行に関し、その普通地方公共団体の不正や非違の発見を目的として行う。

3 監査委員は、監査を行うに当たり、帳簿、書類その他の記録の提出を求めることはできるが、関係人の出頭を求めることまでは認められていない。

4 監査委員は、当該普通地方公共団体の長から、事務の執行に関し監査の要求があっても、その必要がないと判断した場合には監査を行わない。

5 監査委員は、議会からの請求があっても、当該地方公共団体の事務の執行について、監査を行うことは認められていない。

●解説

　監査委員の定数は、①都道府県及び人口25万以上の市は4人、②その他の市及び町村は2人で、条例で定数を増加できる。監査委員は、長が議会の同意を得て、行政運営に関し優れた識見を有する者及び議員から選任する。

　なお、監査制度については、平成29年の地方自治法の改正（令和2年4月1日全面施行）により、勧告制度の創設、議選監査委員の選任の義務付けの緩和、監査専門委員の創設等を内容とする充実強化が図られている。

1　正しい（法198条の3第1項、198条の4第1項・第3項）。監査基準とは、監査、検査、審査その他の行為の適切かつ有効な実施を図るための基準をいい、その策定又は変更について、総務大臣が指針を示すとともに必要な助言を行う。

2　誤り。監査は、公正で効率的かつ合理的な行政を確保するために行われる。監査に当たっては、普通地方公共団体の事務が最少の経費で最大の効果を挙げるように処理されているかどうか、その組織及び運営の合理化が図られているかなどに特に留意して行われる（法199条3項）。

3　誤り。監査委員は、監査を行うに当たり、関係人の出頭を求めることができる（法199条8項）。

4　誤り。監査委員は当該普通地方公共団体の長から事務の執行に関して監査の要求があったときは、その要求に係る事項について監査しなければならない（法199条6項）。

5　誤り。議会は、監査委員に対し、当該地方公共団体の事務の執行に関する監査を請求することができる（法98条2項）。

正解　1

《問題83》———監査委員②

難易度 ★★

監査委員に関する記述として、正しいものはどれか。

1 　監査委員は、都道府県及び市では必置機関であるが、事務の効率性から、町村においては置かないこともできるとされている。

2 　監査委員は独任制の機関であるので、監査に関する報告の決定は、単独で行うこととされ、監査委員の合議による必要はない。

3 　監査委員は、長が議会の同意を得て選任するが、監査委員の任期については、識見を有する者は4年、議員たる者は議員の任期となる。

4 　監査委員は、普通地方公共団体が資本金や基本金を出資している団体等については、その出資比率の多寡にかかわらず、監査の対象とすることができる。

5 　監査の結果に関する報告を受けた議会、長などが、当該監査結果に基づき措置を講じたときは、その結果を公表することにより、監査委員への通知は省くことができる。

●解説

　監査委員は、普通地方公共団体の財務に関する事務の執行及び経営に係る事業の管理を監査する（財務監査）。また、監査委員は、必要があると認めるときは、普通地方公共団体の事務の執行についても監査できる（行政監査）。

1　誤り。監査委員は、全ての都道府県及び市町村に置かなければならない（法180条の5第1項4号、195条1項）。

2　誤り。監査委員は、独任制の機関ではあるが、監査の結果に関する報告の決定、報告に添付される意見の決定は、監査委員の合議による（法199条12項）。

3　正しい。議会の同意による選任、委員の任期についての説明は、妥当である（法196条1項、197条）。

4　誤り。監査委員が監査できるのは、普通地方公共団体が資本金や基本金を25％以上出資している団体に限られる（法199条7項、施行令140条の7第1項・2項）。

5　誤り。監査委員から監査の結果に関する報告の提出があった場合、提出を受けた普通地方公共団体の議会、長その他の執行機関は、当該監査の結果に基づき措置を講じたときは、その旨を監査委員に通知しなければならず、監査委員が当該措置の内容を公表する（法199条14項）。

正解　3

《問題84》——監査委員③

難易度　★★

監査委員に関する記述として、正しいものはどれか。

1　普通地方公共団体から財政的援助を受けている団体の監査は、その当該普通地方公共団体の長から請求のない限り、監査委員は行うことができない。

2　監査委員は、必要があると認めるときは、関係人の出頭を求めることができ、正当の理由がないのに、これを拒んだ者は、6箇月以下の禁錮又は10万円以下の罰金に処せられる。

3　監査委員は、監査の結果を議会、長、関係機関に提出しなければならないが、これを公表することまでは求められていない。

4　普通地方公共団体の事務の執行についての監査、すなわち行政監査は、監査委員が必要があると認めるときは、することができる。

5　長は、監査委員に職務上の義務違反その他監査委員たるに適しない非行があると認めるときは、議会の同意を得ることなく、監査委員を罷免することができる。

●解説

　住民、議会、長からの請求や要求により行うのが「特別監査」であり、①事務監査、②議会の請求による監査、③長の請求による監査、④住民の監査請求による監査、④職員の賠償責任の監査がある。

1　誤り。長からの要求があった場合のほか、監査委員が必要があると認める場合には、監査を行うことができるとされている（法199条7項）。

2　誤り。監査委員は、監査のため必要があると認めるときは、関係人の出頭、調査又は帳簿、書類その他の記録の提出を求めることができるが（法199条8項）、これを拒んだ場合の罰則はない。

3　誤り。監査委員は、監査結果を提出し、かつ、これを公表しなければならない（法199条9項）。

4　正しい。普通地方公共団体の事務の執行についての監査、すなわち行政監査は、監査委員が必要があると認めるときに行う（法199条2項）。

5　誤り。長は、監査委員に職務上の義務違反その他監査委員たるに適しない非行があると認めるときは、議会の同意を得て、監査委員を罷免することができる（法197条の2第1項）。

正解　4

《問題85》──外部監査契約

難易度★★★

外部監査契約に基づく監査に関する記述として、正しいものはどれか。

1 包括外部監査人は、必要があると認めるときは、対象団体が補助金等の財政援助を与えているものの出納などの事務の執行でその財政的援助に係るものを監査できる。

2 包括外部監査人は、包括外部監査対象団体の財務に関する事務の執行及び対象団体の経営に関する事業の管理のうち、必要と認める特定の事件について監査する。

3 住民監査請求に係る個別外部監査の請求があった場合、監査委員は個別外部監査契約に基づく監査によることを決定しなければならない。

4 包括外部監査契約を締結している普通地方公共団体は、特に制限なく同一の者と連続して包括外部監査契約を締結することができる。

5 監査委員は、事務監査請求において個別外部監査契約の請求を受けた場合には、監査委員の意見を付けて長に通知し、個別外部監査契約を締結しなければならない。

●解説

　外部監査は、外部の専門家が、普通地方公共団体との間に締結した外部監査契約に基づいて行う監査、事件を限定せずに監査を委託する包括外部監査と、特定の場合に監査委員の監査に代えて委託する個別外部監査がある。

1　誤り。肢の内容の監査ができるのは、条例により、包括外部監査人が必要があると認めるときは監査することができると定めた場合に限られる（法252条の37第4項）。

2　正しい。包括外部監査についての肢の内容は、妥当である（法252条の37第1項）。

3　誤り。監査委員は、住民監査請求に係る個別外部監査の請求があった場合、監査委員の監査に代えて個別外部監査契約に基づく監査によることが相当であると認めるときは、個別外部監査契約に基づく監査によることを決定する（法252条の43第2項）。なお、住民監査請求に係る個別外部監査の請求は、条例の定めがなければ行えない（同条1項）。

4　誤り。包括外部監査人と普通地方公共団体との緊張関係を維持するために、連続して4回同一の者と外部監査契約を締結してはならない（法252条の36第4項）。

5　誤り。個別外部監査契約は、長が締結する。また、締結に当たっては、長は監査委員の意見を付して議会に付議してその議決を経なければならない（法252条の39第3項〜6項）。なお、事務監査請求において個別外部監査契約の請求は、条例の定めがなければ行えない（同条1項）。

正解　2

《問題86》————行政委員会の職務権限

難易度　★

行政委員会の職務権限に関する記述として、正しいものはどれか。

1　農業委員会は、農地の交換分合に関する事務を行うが、個人の所有物に制限を加えることになるため、農地等の利用関係の調整は行わない。

2　選挙管理委員会は、公職選挙法に基づく選挙管理事務を行うが、政治資金規正法に関係する事務は、全て国が所管している。

3　労働委員会は、別に法律の定めるところにより不当労働行為に関し調査を行うが、労働組合の資格証明は労働基準監督署の所掌であるので行わない。

4　収用委員会は、固定資産台帳に登録された価格に関する不服の審査決定及び土地の収用に関する裁決その他の事務を行う。

5　教育委員会は、学校その他の教育機関を管理するだけでなく、社会教育その他の教育、学術及び文化に関する事務の管理も行う。

●解説

　行政委員会及び委員の設置目的には、①政治的中立性の確保、②行政の公平・公正の確保、③利害関係の調整、④裁判に準ずる慎重な手続などがあり、各行政委員会及び委員の基本的役割は理解しておく必要がある。

1　誤り。農業委員会は、農地等の利用関係の調整、農地の交換分合その他農地に関する事務を行う（法202条の2第4項、農業委員会等に関する法律6条）。

2　誤り。選挙管理委員会は、政治資金規正法に関係する事務も行う（政治資金規正法6条、7条の2、7条の3、12条、17条等）。

3　誤り。労働委員会は、労働組合の資格証明、労働協約の地域的一般的拘束力の決定、不当労働行為に関する救済命令等、労働争議のあっせん・調停・仲裁を行う（法202条の2第3項、労組法5条・11条・18条・20条・19条の12）。

4　誤り。収用委員会は、土地の収用に関する裁決その他の事務を行い、固定資産台帳に登録された価格に関する不服の審査決定は、固定資産評価審査委員会が行う（法202条の2第5項、土地収用法51条、地方税法423条）。

5　正しい。教育委員会は、学校その他の教育機関の管理、教職員の身分取扱いなどのほか、社会教育その他の教育、学術及び文化に関する事務の管理・執行を行う（法180条の8）。

正解　**5**

《問題87》———住民監査請求①

難易度★★★

住民監査請求に関する記述として、正しいものはどれか。

1　住民監査請求の対象となる行為及び事実は、違法又は不当な財務会計上の行為であり、作為に限られ不作為は含まれない。

2　住民監査請求では、その対象が違法又は不当な財務会計上の行為であるので、監査委員の監査に代えて個別監査契約に基づく監査を請求することはできない。

3　住民監査請求は、法律上の行為能力を有する住民が行うことができ、自然人だけでなく法人も行うことができるとされている。

4　住民監査請求の対象となる違法又は不当な財務会計上の行為については、それがなされているか、なされたものでなければならない。

5　住民監査請求は、住民であれば1人でもすることができるが、その普通地方公共団体の議会の議員及び長の選挙権を有する者でなければならない。

●解説

　住民監査請求は、納税者たる住民が住民全体の利益を確保する見地から、執行機関又は職員の違法又は不当な財務会計上の行為又は怠る事実について監査委員に監査を求め、予防、是正のための措置を求める請求である。

1　誤り。住民監査請求の対象となる行為及び事実には、「公金の賦課徴収を怠ること」「財産の管理を怠ること」も含まれる（法242条１項)。

2　誤り。住民監査請求では、条例の定めがある場合には、監査委員の監査に代えて個別監査契約に基づく監査を請求することができる（法252条の43第１項)。

3　正しい。住民監査請求をすることができるのは、普通地方公共団体の住民であり、自然人だけでなく法人も行うことができる。

4　誤り。財務会計上の行為については、当該行為がなされることが相当の確実さをもって予測される場合も対象とされている（法242条１項)。

5　誤り。住民監査請求は、職員の違法又は不当な行為等により住民として損失を被ることを防止し、住民全体の利益を確保するための制度であるから、住民であれば選挙権の有無を問わない。

正解　**3**

《問題88》——住民監査請求②

難易度 ★★

住民監査請求に関する記述として、正しいものはどれか。

1 住民監査請求は、対象となる行為があった日又は終わった日から6箇月以上経過したときは、することができないとされている。

2 住民監査請求ができるのは、普通地方公共団体の住民であり、選挙権の有無や人数要件はなく、1人でも請求することができる。

3 監査委員の勧告を受けた普通地方公共団体の議会、長などは、必要な措置を講じるとともに、その旨を請求人に通知しなければならない。

4 住民監査請求について、その行為が違法と思うに足りる相当な理由があり、回復困難な損害を避けるため緊急の必要があるときは、監査委員はその行為の停止を勧告できる。

5 住民監査請求に基づく監査の対象者は、普通地方公共団体の長、委員会又は委員に限られ、職員は対象から除かれている。

●解説

　住民監査請求の対象は、長などによる違法・不当な公金の支出、財産の取得・管理又は処分、契約の締結・履行、債務その他の義務の負担、違法・不当に公金の賦課・徴収又は財産の管理を怠る事実である。

1　誤り。住民監査請求は、対象となる行為があった日又は終わった日から１年以内にしなければならない。なお、正当な理由がある場合はこの限りではない（法242条２項）。

2　正しい。法242条１項。

3　誤り。監査委員の勧告を受けた議会、執行機関、職員は、必要な措置を講じるとともに、その旨を監査委員に通知しなければならない。監査委員は、さらに請求人に通知し公表する（法242条９項）。

4　誤り。監査委員の暫定的な停止勧告制度の要件は、肢の内容に加え、当該行為を停止することによって人の生命又は身体に対する重大な危害の防止その他公共の福祉を著しく阻害するおそれがないと認めるときでなければならないと規定されている（法242条４項）。

5　誤り。住民監査請求に基づく監査の対象者は、普通地方公共団体の長、委員会又は委員、当該普通地方公共団体の職員である（法242条１項）。

正解　2

《問題89》────住民監査請求③

難易度 ★★

住民監査請求に関する記述として、正しいものはどれか。

1 住民監査請求は、原則として違法又は不当な財務会計上
  の行為のあった日又は終わった日から1年以内にしなけ
  ればならず、怠る事実については3年以内とされている。

2 勧告を受けた議会、長その他の執行機関又は職員は、当
  該勧告に示された期間内に、示された措置を講じるととと
  もに、その旨を監査委員に通知しなければならない。

3 請求を受けた監査委員が、請求人や関係執行機関等の陳
  述を聴取する場合に、関係執行機関や請求人を立ち合わ
  せることはできない。

4 監査委員は、請求に理由があると認めるときは、請求人
  に通知しなければならないが、請求人に理由がないと認
  めるときは、請求人に通知する必要はない。

5 普通地方公共団体の議会は、住民監査請求があった後に、
  当該請求に係る行為又は怠る事実に関する損害賠償又は
  不当利得返還の請求権の放棄に関する議決をしようとす
  るときは、あらかじめ、監査委員の意見を聴かなければ
  ならない。

P&C 参照ページ
116、117ページ

●**解説**

　住民監査でいう不当とは、長、職員等に裁量権があって基本的にはその判断に委ねられるが、その判断が公益を損なう結果となるような場合をいう。

1　誤り。不作為については、起算点を求めることが困難であることから、期間の制限は規定されていない（法242条2項）。なお、行政不服審査法でも、不作為についての審査請求の期間の制限はない。

2　誤り。勧告を受けた議会、長などは、必ずしも勧告の内容に拘束されないとしても、必要な措置を講じなければならない（法242条9項）。

3　誤り。請求人や関係執行機関等の陳述を聴取する場合に、必要と認めるときは、関係執行機関や請求人を立ち合わせることができる（法242条8項）。

4　誤り。監査委員は、住民監査請求に基づく監査の結果、請求に理由がないときは、理由を付して請求人に通知するとともに公表しなければならない。請求に理由があるときは、議会、長等に対し必要な措置を勧告し、その内容を請求人に通知するとともに公表しなければならない（法242条5項）。

5　正しい（法242条10項）。

正解　**5**

《問題90》───住民訴訟①

難易度★★★

住民訴訟に関する記述として、正しいものはどれか。

1 普通地方公共団体の住民が提起した住民訴訟が係属しているときは、当該普通地方公共団体の他の住民は、別訴をもって同一の請求をすることができない。

2 住民訴訟は、住民監査請求の監査の結果について提起できるものであり、議会、長、その他の執行機関又は職員が勧告を受けても措置を講じないときは、提起することはできない。

3 住民訴訟において執行機関又は職員に対する財務会計上の行為の差止め請求は、住民監査請求と異なり、その行為が開始されていなければ行うことはできない。

4 住民訴訟においては、財務会計上の行為又は怠る事実に係る相手方に対し、普通地方公共団体に代位して、損害賠償又は不当利得返還の請求をすることができる。

5 住民監査請求を経なくても、普通地方公共団体の住民は公益の確保のために特別に認められた訴訟である住民訴訟を提起できる。

●解説

　住民訴訟は、住民監査請求をした住民が、この監査結果や監査に基づいて執られた措置に不満である場合に提起できる。住民訴訟の管轄は、当該普通地方公共団体の事務所の所在地を管轄する地方裁判所の管轄に専属する。監査請求を経た住民からの訴訟が係属していれば、他の住民は同じことについて訴訟を提起できない。

1　正しい（法242条の2第4項）。このような場合には、監査請求をした住民の提起した訴訟に訴訟参加することとなる。

2　誤り。議会、長、その他の執行機関又は職員が勧告を受けて措置を講じないときにも、住民訴訟は提起できる（法242条の2第1項）。

3　誤り。住民監査請求と同じく、その行為がなされることが相当の確実さをもって予測される場合にも差止め請求ができる。

4　誤り。住民訴訟においては、財務会計上の行為又は怠る事実に係る相手方に損害賠償又は不当利得返還の請求をすることを普通地方公共団体の執行機関又は職員に対して求める請求をすることができ、普通地方公共団体に代位して、損害賠償等の請求を行う制度ではない（法242条の2第1項4号）。

5　誤り。住民訴訟を提起できるのは、住民監査請求を経た当該普通地方公共団体の住民に限られる（法242条の2第1項）。

正解　1

《問題91》───住民訴訟②

住民訴訟に関する記述として、正しいものはどれか。

1 住民訴訟は、公益の確保のために特別に認められた訴訟であり、財務会計上の不当な行為や不当な怠る事実についても提起することができる。

2 執行機関又は職員に対する行為の差止め請求は、当該行為がなされるであろう漠然とした可能性があれば行うことができる。

3 住民訴訟では、行政処分たる行為の取消し又は無効の確認の請求はできるが、執行機関又は職員に対する行為の差止めの請求はできない。

4 住民訴訟は、法律で特に認められた訴訟であるので、訴えの利益が認められる限り提起でき、出訴期間の制限は定められていない。

5 住民訴訟について、原告が勝訴した場合は、原告が普通地方公共団体に対しその弁護士報酬額の範囲内で相当と認められる額の支払を請求することができる。

●解説

　住民訴訟の対象となるのは財務会計上の違法な行為又は怠る事実であって（不当な行為又は怠る事実は対象とならない）、当該行為又は怠る事実について住民監査請求を行ったものに限られる。住民訴訟において損害賠償又は不当利得の返還の請求を命ずる判決が確定した場合には、普通地方公共団体は、当該判決が確定した日から60日以内の日を期限として、当該請求に係る損害賠償金又は不当利得の返還金の支払を請求しなければならない。

1　誤り。この訴訟は、財務会計上の行為や怠る事実が違法である場合に限られる。不当な行為や不当な怠る事実では提起することはできない（法242条の2第1項）。

2　誤り。当該行為がなされるであろう漠然とした可能性が存するだけでは足りず、判決を下すに足りる行為の蓋然性があること（当該行為がなされることが相当の確実さをもって予測される場合）が必要である。

3　誤り。住民訴訟では、執行機関又は職員に対する行為の差止めの請求も認められている（法242条の2第1項1号）。

4　誤り。早期に行政運営の安定性を確保するため短期の出訴期間が定められており、不変期間とされている（法242条の2第2項・3項）。

5　正しい。原告勝訴により、結果として普通地方公共団体の違法な行為が是正され、普通地方公共団体とその全住民が違法行為の是正という利益を受けることになると考えられるためである（法242条の2第12項）。

正解　5

《問題92》———職員の賠償責任①

難易度 ★★

職員の賠償責任に関する記述として、正しいものはどれか。

1 会計管理者又は会計管理者の事務を補助する職員が、故意又は過失により、その保管に係る有価証券を亡失したときは、これによって生じた損害を賠償しなければならない。

2 支出負担行為の権限を有する職員で普通地方公共団体の規則で指定したものが、法令の規定に違反して支出負担行為をしたことにより当該団体に損害を与えたときは、故意又は重大な過失の有無にかかわらず、賠償しなければならない。

3 資金前渡を受けた職員が、故意又は過失により、その保管に係る現金を亡失した場合、その損害が2人以上の職員の行為によるものであるときは、当該職員は、それぞれの職分と損害発生の原因となった程度に応じて賠償責任を負う。

4 監査委員は、占有動産を保管している職員が法の定める行為によって当該普通地方公共団体に損害を与えたと認めるときは、その事実を監査し、当該職員に賠償額を請求しなければならない。

5 普通地方公共団体の長は、当該団体に与えた損害がやむを得ない事情によるものであることについて、賠償責任を有する職員からなされた証明を相当と認めるときは、監査委員の同意を得て、賠償責任の全部又は一部を免除できる。

●解説

　普通地方公共団体の会計職員又は予算執行職員が、故意又は重大な過失（現金については、故意又は過失）により、当該普通地方公共団体に財産上の損害を与えたときは、地方自治法の規定により、損害賠償責任を負う（法243条の2の8第1項）。なお、この責任は、損害を与えた時点で職員であれば足り、退職後も死亡後もその責任を免れないとされている（行実昭25.10.12）。また、民法の一般規定は適用されない（法243条の2の8第14項）。

1　誤り。会計管理者又は会計管理者の事務を補助する職員が、その保管に係る有価証券を亡失したことにより生じた損害を賠償するのは、故意又は重大な過失による場合である（法243条の2の8第1項前段）。

2　誤り。支出負担行為の権限を有する職員で普通地方公共団体の規則で指定したもの（予算執行職員）についても、賠償責任が生ずるのは、故意又は重大な過失による場合である（法243条の2の8第1項後段）。

3　正しい。法243条の2の8第1項前段・2項。

4　誤り。職員の賠償責任における監査委員との関係については、法243条の2の8第3項・8項に定めがあるが、監査委員は、肢のような権限は有していない。

5　誤り。普通地方公共団体の長が、議会の同意を得て、賠償責任の全部又は一部を免除する場合には、監査委員の同意を得るのではなく、あらかじめ監査委員の意見を聴き、その意見を付けて議会に付議しなければならないこととされている（法243条の2の8第8項）。

正解　3

《問題93》───職員の賠償責任②

〔難易度★★★〕

職員の賠償責任に関する記述として、正しいものはどれか。

1　物品を使用している職員が、故意又は重大な過失により その使用に関する物品を亡失した場合、当該職員の賠償 責任は、賠償責任に関する民法の規定が適用される。

2　監査委員は賠償責任があると決定した場合においても、 長と協議して、賠償責任の一部又は全部を免除すること ができる。

3　普通地方公共団体は、条例において、長や職員等の地方 公共団体に対する損害賠償責任について、その職務を行 うにつき善意でかつ重大な過失がないときは、全て免責 する旨を定めることができる。

4　物品を使用している職員が、その使用に係る物品を故意 又は過失により損傷したときは、これによって生じた損 害の賠償責任を負う。

5　資金前渡を受けた職員が、故意又は過失により、その保 管に係る現金を亡失して普通地方公共団体に損害を与え たときは、賠償責任を負う。

●解説

　職員の賠償責任の制度は、普通地方公共団体の利益を保護し、損害の補填を容易にすること、職務上の危険負担が重く責任を追及されやすい会計職員などの責任の軽減を図ることを目的とするものである。

1　誤り。法243条の2の8第1項の規定により、損害を賠償しなければならない場合には民法の規定は適用されない（同条14項）。

2　誤り。長は、損害が避けることができない事故その他やむを得ない事情によるものであることの証明を相当と認めるときは、議会の同意を得て賠償責任の全部又は一部を免除できる（法243条の2の8第8項）。

3　誤り。長等の職責等を考慮して政令で定める基準を参酌して、政令で定める賠償責任の下限額以上の額を控除した額について賠償責任を免れさせる旨を条例で定めることができる（法243条の2の7第1項）。

4　誤り。物品を使用している職員については、過失による物品の損傷の場合には責任を問われない（法243条の2の8第1項）。

5　正しい。法243条の2の8第1項。

正解　5

《問題94》———直接請求①

難易度 ★★

直接請求に関する記述として、正しいものはどれか。

1 条例の制定又は改廃の請求について、請求者が属する普通地方公共団体の事務に関し、法令に違反しない内容のものであれば、地方税の賦課徴収に関するものを除き、請求の対象となる条例に制限はない。

2 普通地方公共団体の長は、条例の制定又は改廃の請求のあったときは、10日以内に請求の要旨を公表し、請求を受理した日から30日以内に議会を招集し、意見を付けてこれを議会に付議しなければならない。

3 事務の監査請求は、普通地方公共団体の事務の執行に関する監査を請求するものであるが、請求の対象は、監査委員の権限となる財務に関する事務に限られる。

4 選挙権を有する者は、その総数の3分の1以上の者の連署をもって、その代表者から、普通地方公共団体の議会の議長に対し、当該普通地方公共団体の議会の解散の請求をすることができる。

5 普通地方公共団体の長は、解職の請求に基づき行われる選挙人の投票において、過半数の同意があったときは、その職を失う。

●解説

　直接請求制度は、直接参政権制度又は直接民主制の代表的なものである。地方自治法は、①条例の制定改廃請求、②事務の監査請求、③議会の解散請求、④議員の解職請求、⑤長の解職請求、⑥主要な公務員（副知事、副市町村長、総合区長、選挙管理委員、監査委員及び公安委員会委員）の解職請求を定めている。それぞれの、請求対象、要件（署名数等）、請求先及び請求後の処理を整理しておく必要がある。

　なお、広域連合については、構成団体の選挙権を有する者の一定数の署名をもって、規約の変更を要請するよう広域連合の長に請求できることとされている（法291条の6第2項）。

1　誤り。地方税の賦課徴収に関するもののほか、分担金、使用料及び手数料の徴収に関するものも、条例の制定又は改廃の請求の対象から除外されている（法12条1項）。

2　誤り。普通地方公共団体の長は、条例の制定改廃請求を受理したときは、直ちに請求の要旨を公表しなければならず（法74条2項）、請求を受理した日から20日以内に議会を招集し、意見を付けてこれを議会に付議しなければならない（同条3項）。

3　誤り。事務の監査の請求をすることができる事務の範囲に制限はない。法75条1項参照。

4　誤り。議会の解散の請求は、選挙管理委員会に対して行う（法76条1項）。

5　正しい（法83条）。なお、選挙人の投票における「過半数」とは、有効投票の過半数であり、投票率の多寡は問わない（行実昭24.11.16）。

正解　5

直接参政制度

《問題95》──直接請求②

難易度 ★★

直接請求に関する記述として、正しいものはどれか。

1　長・議員の解職請求は、その者の就職の日から1年間及び解職の投票のあった日から1年間はすることができないが、主要公務員の解職の請求にもこのような制限はある。

2　選挙権を有する者は、その総数の50分の1以上の連署により、普通地方公共団体の議会の議長に対して、条例の制定又は改廃を請求できる。

3　選挙権を有する者は、その総数の一定数以上の連署により、議会の解散を請求することができるが、議員の一般選挙があった日から2年間は請求することができない。

4　普通地方公共団体の長の解職請求が成立した場合、選挙人の投票に付され、3分の2以上の同意があると長は失職するとされている。

5　選挙権を有する者は、その総数の一定数以上の連署により、長に対して、議会の解散を請求することができ、解散の請求があったときは、長は直ちに議会を解散する。

●解説

　直接請求制度は、間接民主制だけでは住民の意思が十分に反映されない場合、間接民主制により選出された者が住民の意思に反した行動をとった場合などに、住民が行政に直接参加できる機会を与える制度である。

1　正しい。副知事・副市町村長・総合区長がその就職の日から1年間及び解職の議決の日から1年間（法88条1項）、選挙管理委員、監査委員、公安委員会の委員、教育委員会の委員は、就職の日から6箇月間及び解職の議決の日から6箇月間の制限がある（法88条2項、地教行法8条2項）。

2　誤り。条例の制定又は改廃請求は、普通地方公共団体の議会の議長ではなく、長に対して行うとされている（法74条1項）。

3　誤り。議会の解散請求の制限期間は、議員の一般選挙があった日から1年間である（法79条）。

4　誤り。長の解職請求の成立後の選挙人の選挙で、過半数の同意により長は失職する（法83条）。

5　誤り。議会の解散請求は、選挙管理委員会に対して行われ（法76条1項）、選挙人の投票の過半数の同意で議会は解散される（法76条3項、78条）。

正解　1

《問題96》——条例の制定改廃の直接請求

難易度　★

条例の制定改廃の直接請求に関する記述として、正しいものはどれか。

1　条例の制定改廃の直接請求が、長から議会に付議された場合、議会は、請求された条例案を修正して可決することはできない。

2　地方税の賦課徴収並びに分担金、使用料及び手数料の徴収に関するものについては、条例の制定改廃を請求することはできない。

3　長は、請求の趣旨に同意する場合には、その請求を受けた日から20日以内に議会を招集し、同意する旨の意見を付けてこれを議会に付議しなければならない。

4　議会は、長から付議された条例の制定改廃の直接請求に係る事件の審議に当たっては、請求の代表者、知識経験者、利害関係人などの意見を聴く機会を設けなければならない。

5　議会の審議に影響を与えることを避ける必要があるので、条例の制定改廃の請求に係る条例案に対して、長が意見を付することは認められていない。

●解説

　条例の直接請求は、住民に条例等の発案権を認めるもので、条例の制定又は改廃について議会の議決を請求するものである。議会は、付議された事件の審議を行うに当たっては、当該請求の代表者に意見を述べる機会を与えなければならない。

1　誤り。条例の制定改廃の直接請求は、住民に条例の発案の機会を与えるもので、議会は必要に応じて条例案を修正して可決できる。

2　正しい。地方税の賦課徴収など普通地方公共団体の収入に関する条例については、これを認めると、負担が軽くなるということで署名が容易に集まり、普通地方公共団体の財政的基礎を揺るがすことになるとの理由で認められていない（法74条1項）。

3　誤り。長は、その請求を受けた日から20日以内に議会を招集する。長が請求内容に同意するかしないかは関係ない。ただし、議会への付議に際し、意見を付さなければならない（法74条3項）。

4　誤り。議会は、審議に際し、請求の代表者に意見を述べる機会を与えなければならない（法74条4項）。

5　誤り。長は、請求に係る条例案に対して意見を付けて、議会に付議しなければならないとされている（法74条3項）。

正解　2

《問題97》————事務の監査請求

難易度★★★

事務の監査請求に関する記述として、正しいものはどれか。

1　事務の監査請求の監査の結果に不服がある請求の代表者は、住民監査請求と同様に裁判所に対して訴訟を提起し、行為の差し止めなどの請求ができる。

2　事務の監査請求は、監査を請求する事務が行政処分を伴うものである場合、当該処分のあった日から１年を経過したときは、これを行うことができない。

3　監査委員が事務の監査請求を受理したときは、直ちに当該普通地方公共団体の長にその請求の要旨を送付し、長は請求の要旨を公表する。

4　事務の監査請求の対象となる事項は、当該普通地方公共団体の事務であり、自治事務は対象となるが、法定受託事務は対象とならない。

5　監査の結果の報告は、その普通地方公共団体の議会と長に提出するほか、関係のある委員会又は委員にも提出しなければならない。

●解説

　事務の監査請求は、普通地方公共団体の事務の執行の実情を明らかにし、住民の監視と批判を通じて適正な行政運営を図ることを目的に認められている請求であり、監査委員に監査を請求する。住民監査請求との違いに注意する必要がある。

1　誤り。事務の監査請求の監査結果については、訴訟を提起することはできない。一方、住民1人でもできる住民監査請求は、その結果に対して訴訟を提起することができるが（法242条、242条の2）、両者は別個の制度であり趣旨が異なる。

2　誤り。住民監査請求は、当該行為のあった日又は終わった日から1年を経過すれば提起できないが（法242条2項）、事務の監査請求には期間の制限は定められていない。

3　誤り。監査委員は、事務の監査請求を受理したときは、直ちに請求の要旨を公表しなければならない（法75条2項）。したがって、長が公表するものではない。

4　誤り。法定受託事務であっても、当該地方公共団体の事務であることには変わりはなく、従って事務の監査請求の対象となる。

5　正しい。監査の結果報告は、議会、長、関係ある委員会又は委員にも提出する（法75条3項）。

正解　5

《問題98》————解職請求

難易度　★

解職請求に関する記述として、正しいものはどれか。

1　副知事、副市町村長又は総合区長の解職請求は、当該普通地方公共団体の選挙管理委員会に対してなされ、選挙管理委員会はこれを選挙人の投票に付さなければならない。

2　議会の解散の請求、長・議員の解職請求に定められているような直接請求が制限される期間は、主要公務員の解職請求には定められていない。

3　議員の解職請求は、当該普通地方公共団体の長に対してなされ、長はこれを議会に付議し、過半数の議員の同意があるとき議員は失職する。

4　副知事、副市町村長又は総合区長の解職請求は、当該普通地方公共団体の長に対してなされ、長はこれを議会に付議しなければならない。

5　主要公務員の解職請求にあっては、議会において、議員の3分の2以上の者が出席し、その過半数の者の同意があったときにその職を失う。

● 解説

　議員・長の解職請求、主要公務員（副知事、副市町村長など）の解職請求については、必要署名数、請求の受理機関、請求後の措置、措置による効果の違いを表にして整理すると分かりやすい。

1　誤り。副知事、副市町村長又は総合区長の解職請求は、当該普通地方公共団体の長に対してなされ、長はこれを議会に付議しなければならない（法86条）。

2　誤り。直接請求が制限される期間は、副知事、副市町村長及び指定都市の総合区長がその就職の日から1年間及び解職の議決の日から1年間（法88条1項）、選挙管理委員、監査委員、教育委員会の委員などの委員がその就職の日から6箇月及び解職の議決の日から6箇月とされる（法88条2項、地教行法8条2項）。

3　誤り。議員の解職請求について、請求の受理機関は長ではなく、選挙管理委員会である（法80条1項）。また、選挙人の投票により、過半数の同意があるとき、議員は失職する（法83条）。

4　正しい。法86条1項・3項。

5　誤り。この場合の議決は、特別多数が必要とされている。議員の3分の2以上の者が出席し、その4分の3以上の者の同意があったときにその職を失う（法87条1項）。

正解　4

《問題99》———直接参政制度

難易度　★

直接参政制度に関する記述として、正しいものはどれか。

1　わが国では、直接請求以外の直接参政制度としては、住民投票制度、住民監査請求制度及び納税者訴訟制度が認められている。

2　直接請求のあて先は、住民の連署の確認の必要があるので、議会の解散、長・議員の解職、主要公務員の解職について、全て選挙管理委員会である。

3　直接請求が濫用されることにより、法的安定性が損なわれることを防ぐため、すべての直接請求には、１年間又は６箇月間の請求制限期間がある。

4　直接請求は、間接民主制の欠陥を是正することを趣旨としているので、当該普通地方公共団体の住民であれば何人もすることができる。

5　地方自治法では、直接請求として、条例の制定又は改廃の請求、事務監査の請求、議会の解散請求及び議員、長等の解職の請求及び広域連合の規約の変更の要請の請求がある。

●解説

　憲法は、普通地方公共団体に議会と長を置き、住民が直接選挙することとし、原則として間接民主制を採用した（憲法93条）。しかし、これだけでは不十分であるので、住民が直接に地方行政に参加できるようにしている。

1　誤り。直接参政制度としては、直接請求、住民投票、住民監査請求及び住民訴訟がある。住民訴訟は、アメリカの納税者訴訟制度を模範としているが、納税者であることを要件とはしていない。

2　誤り。直接請求のあて先は、議会の解散と議員・長の解職が選挙管理委員会、主要公務員の解職が普通地方公共団体の長である（法76条1項、80条1項、81条1項、86条1項）。

3　誤り。1年間又は6箇月間の請求制限期間があるのは、議会の解散、議員・長・主要公務員の解職請求である（法79条、84条、88条）。条例の制定改廃、事務監査については請求期間の制限はない。

4　誤り。直接請求は、直接参政制度であるので、住民であれば何人もできるというわけではなく、「選挙権を有する者」（法74条等）が行使できる。

5　正しい。この他に、「市町村の合併の特例に関する法律」に基づいて、合併協議会の設置を請求する制度がある（同法4条）。

正解　5

《問題100》―――指定都市①

難易度　★

指定都市に関する記述として、正しいものはどれか。

1　指定都市は、都道府県が処理することとされている事務の一部を処理するが、その事務の処理に関しては、知事等に代えて国の各大臣の許可を要するなどの特例はない。

2　特別法の定める手続により、指定都市を含む人口200万以上の市を廃止し、法人格を持たない複数の特別区に分割することができる。

3　指定都市は、政令で指定する人口100万以上の都市のことであり、都道府県の事務の一部を処理する権能を特別に認められている。

4　事務配分の特例として、指定都市は都道府県が法律又は政令により処理することとされている事務のうち、政令で定めるものを処理することができる。

5　指定都市は、市長の権限に属する事務を分掌させるため、条例で、その区域を分けて法人格を有する区を設けることができ、区長は住民の直接選挙により選出される。

●解説

　指定都市は、人口50万以上の市で、政令で指定するものを
いう。指定都市の特例には、都道府県の事務処理権能の一部
を執行できるとともに、一定の範囲で知事の行政監督を受け
ないことがある。

1　誤り。政令の定めるところにより、都道府県の知事等に
　　代えて、各大臣の許可を要する（法252条の19第2項）。

2　誤り。大都市地域における特別区の設置に関する法律に
　　より設置される特別区は、都の特別区と同様に法人格を
　　持つこととされている。

3　誤り。法律では、指定都市は政令で定める人口50万以上
　　の市であるとされている（法252条の19第1項）。指定都
　　市の人口は、これまでおおむね100万が目安とされてい
　　たが、最近では、人口70万以上でも指定を受けることが
　　可能とされている。

4　正しい。法252条の19第1項。

5　誤り。区の設置はできるが（法252条の20第1項・2項）、
　　特別区のように法人格（法1条の3第3項、2条1項）
　　を有するものではなく、また、区長は、指定都市の市長
　　の補助機関である職員をもって充てる（法252条の20第
　　4項）。

正解　4

《問題101》——指定都市②

難易度 ★★

指定都市に関する記述として、正しいものはどれか。

1 総合区は条例により設置されるが、指定都市の一部の区域に設置することも、全域に設置することも、また設置しないことも可能である。

2 指定都市都道府県調整会議で議論を重ねたが、両者の間に紛争が生じた場合に限り、市長又は知事は総務大臣に勧告を求めることができる。

3 総合区長が処理する事務については、総合区長は指定都市を代表して、その事務を統括するものとされている。

4 指定都市都道府県調整会議は、指定都市及び包括都道府県の長及び各議会の議長を構成員としなければならない。

5 指定都市が総合区を設置した場合に限り、各区の事務所が分掌する事務については、その適正さを担保するため条例で定めなければならない。

●解説

　指定都市制度については、近年、総合区の導入、指定都市都道府県調整会議の設置などの地方自治法改正が行われており、出題に要注意である。

1　正しい。総合区は条例により設置されるが、それぞれの指定都市が、地域の実情に応じて柔軟に導入することができる（法252条の20の 2 ）。

2　誤り。指定都市都道府県調整会議の協議を整えるため必要があると認めるときは、総務大臣に勧告を求めるとされ、紛争の存在は前提とされていない（法252条の21の 3 ）。

3　誤り。「代表」とは法153条 1 項による「委任」と同様の効果であり、総合区長は市長の統括代表権のように「統括」する権限は有しない（法252条の20の 2 第 8 項）。

4　誤り。市長及び知事は、必要と認めるときは協議して、関係する議会が議員のうちから選挙により選出した者を指定都市都道府県調整会議の構成員とすることができる（法252条の21の 2 第 3 項 3 号・ 6 号）。

5　誤り。「都市内分権の必要性」から、区の事務所が所掌する事務を条例で定めるものであり、全ての指定都市の区に適用される（法252条の20第 2 項）。

正解　1

《問題102》————中核市

中核市に関する記述として、正しいものはどれか。

1 特例市制度は廃止され、中核市の要件を人口20万以上とすることで、中核市制度と特例市制度は統合された。

2 中核市については、指定都市の指定があった場合でも、中核市と指定都市はそれぞれ制度の趣旨が異なるので、中核市の指定の効力は失われない。

3 中核市の指定に係る手続について、総務大臣は、中核市の指定に係る政令の立案を、関係市を包括する都道府県の知事からの申出に基づき行うものとする。

4 中核市と都道府県知事その他の執行機関の関係においては、報告、通報その他の非権力的な連絡協力関係については、政令によりこれを要しないとされている。

5 中核市に関する関与の特例は、指定都市に認められているもののうち、福祉、保健衛生、まちづくりの事務についてのみ認められる。

● 解説

　中核市は、人口20万以上の市について指定され、指定都市の事務のうちで、都道府県が一体的に処理した方が効率的である事務などが除外され、それ以外の事務を処理することができる。特例市制度は廃止され、中核市制度に統合された。

1　正しい。一般市への事務移譲が進み、特例市のみに移譲されている事務が減少したので、平成26年の地方自治法の改正により特例市は廃止され中核市に統合された（法252条の22）。

2　誤り。中核市に指定された市については、指定都市の指定があった場合は、中核市の指定は効力を失うとされている（法252条の26）。

3　誤り。中核市の指定に係る手続について、総務大臣は、中核市の指定に係る政策の立案を関係市からの申出に基づき、行う（法252条の24）。関係市は、当該申出をしようとするときは、あらかじめ当該市の議会の議決を経て都道府県の同意（都道府県の議会の議決が必要）を得なければならない。

4　誤り。中核市と都道府県知事その他の執行機関の間の連絡調整は、原則として一般の市町村と異なることはない。

5　誤り。中核市は、指定都市が処理することができる事務のうち、中核市において処理することが適当でない事務以外の事務で政令で定めるものを処理することができ（法252条の22第1項）、例えば、教育や環境に関する事務も処理することができる。

正解　1

《問題103》───地方公共団体の一部事務組合

難易度　★

地方公共団体の一部事務組合に関する記述として、正しいものはどれか。

1　一部事務組合は基礎的な地方公共団体である市町村及び特別区は設置できるが、広域の地方公共団体である都道府県は設置できない。

2　市町村及び特別区の一部事務組合については、その共同処理事務が組合を構成する全ての市町村及び特別区に共通する種類のものでなければならない。

3　一部事務組合は、規約で定めるところにより、当該一部事務組合の議会を構成団体の議会をもって組織することとすることができる。

4　総務大臣は公益上必要がある場合には、都道府県、市町村及び特別区に対し一部事務組合を設けるべきことを勧告できる。

5　構成団体は、その議会の議決を経て、脱退する日の3箇月前までに他の全ての構成団体に書面で予告することにより、一部事務組合から脱退することができる。

●解説

　地方公共団体の組合は、一定の事務を共同処理する目的で作られ、独立した法人格を有するものである。この組合は、地方公共団体の要素である区域・権能・構成員を持つものである。

1　誤り。一部事務組合は、都道府県も設置することが認められている（法284条2項）。

2　誤り。市町村及び特別区の設置する組合については特例があり、構成する全ての市町村及び特別区に共通する事務だけでなく、その構成する一部の団体の事務も処理することができ（法285条）、複合的一部事務組合と呼ばれる。

3　正しい。構成団体の議会が直接一部事務組合の議案を調査審議する組織形態を選択することができる（法287条の2第1項）。

4　誤り。総務大臣ではなく、都道府県知事は公益上必要がある場合に関係のある市町村及び特別区に一部事務組合の設置を勧告できる（法285条の2第1項）。

5　誤り。一部事務組合からの脱退手続きは簡素化され、脱退しようとする地方公共団体の意思のみで脱退することが可能となったが、その予告は、脱退する日の2年前までにすることとされている（法286条の2第1項）。

正解　3

《問題104》―――広域連合・財産区

難易度 ★★

広域連合及び財産区に関する記述として、正しいものはどれか。

1 財産区は、原則として固有の議会や財産区管理会を設置し、設置できない場合に限り、財産区の存する市町村等の議会や執行機関が権限を行使する。

2 広域連合は、普通地方公共団体及び特別区の事務で広域にわたり処理することが適当な同一の事務を地方公共団体相互間で共同して処理する組織である。

3 広域連合は広域計画の定める事項を一体的かつ円滑に推進するため条例により協議会を設置できるが、運営に関しては条例に基づく必要はない。

4 広域連合には、執行機関として長に代えて理事をもって組織する理事会を置くことができない。

5 財産区の財産又は公の施設に関し特に要する経費は財産区が負担し、財産区の収支は市町村又は特別区の会計と分別しなければならない。

●解説

広域連合は、いくつかの都道府県や市町村が連合して医療
や福祉、ニュータウンなどの地域開発、廃棄物処理対策、自
然保護などの広域行政に共同で取り組むための、特別地方公
共団体の制度である。

財産区は、市町村や特別区の一部の地域に存する財産又は
公の施設に関する地区住民の従前の利益を保障するために、
特別地方公共団体として位置付けたものである。

1　誤り。原則として、財産区は議決機関を持たない。議会
　　又は総会が設置されていない場合に、市町村・特別区は、
　　条例で財産区に財産区管理会を置くことができる（法
　　296条の2）。

2　誤り。広域連合は、広域にわたり処理することが適当で
　　あると認めるものであれば、組織する地方公共団体相互
　　間で同一の事務でなくても処理することができる（法
　　284条3項）。

3　誤り。広域連合の協議会は、その設置、運営に関しては
　　いずれも広域連合の条例で定めることが必要である（法
　　291条の8第1項・3項）。

4　誤り。広域連合には規約で定めるところにより理事会を
　　置くことができる。独任制の執行機関と合議制の執行機
　　関の選択が可能ということである（法291条の13で準用
　　する287条の3第2項）。

5　正しい。財産区の収支については、会計を分別しなけれ
　　ばならない（法294条2項・3項）。

正解　5

《問題105》———連携協約・事務の代替執行

難易度 ★★

連携協約・事務の代替執行制度に関する記述として、正しいものはどれか。

1 連携協約は、地方公共団体間で連携して事務を処理するに当たっての基本的な方針や役割を定めるもので、より柔軟な連携を可能にするため議会の議決を経る必要はない。

2 事務の代替執行の求めを行った当該地方公共団体の議会は、代替執行事務の管理状況について必要な調査・審査などを行うことはできない。

3 自治紛争処理委員から、連携協約に係る紛争の処理方策の提示を受けたとき、紛争の当事者が当該調停案を受託しなければ調停案は法的な効力を持つことはない。

4 事務の代替執行の例として、A村の村道の維持管理の事務をC県が代替執行する場合、事務の委託と同様にC県の基準で維持管理を行うこととなる。

5 連携協約では、圏域全体を見据えたまちづくりの方向性や政策のあり方などについて盛り込み、団体間で認識を共有して共同して取り組むことが可能である。

●解説

　平成26年の地方自治法の改正により、広域連携を一層進めていくために「事務の共同処理の制度」に加え、より柔軟な連携を可能とする仕組みとして、「連携協約制度」と「事務の代替執行制度」が新たに設けられた。

1　誤り。首長の交代等があっても、地方公共団体間で、安定的、継続的に連携することが可能となるよう、連携協約は議会の議決を経て締結される（法252条の2第3項）。

2　誤り。代替執行事務の処理権限は、事務の代替執行を求めた地方公共団体に残るので、当該団体の議会は、代替執行事務の処理状況について必要な調査・審査等を行うことができる。

3　誤り。連携協約に係る場合には、自治紛争処理委員から処理方策の提示を受けた地方公共団体は、その内容に従う法的な義務はないが、これを尊重して必要な措置を執らなければならない（法251条の3の2第6項）。

4　誤り。普通地方公共団体が他の普通地方公共団体に代替執行を行った場合、当該事務の管理及び施行は、代替執行を求めた普通地方公共団体が管理し執行したものとして効力を有する（法252条の16の4）。

5　正しい。連携協約は、地方公共団体間の事務分担だけでなく政策面での役割分担等についても自由に盛り込むことができる「柔軟な連携」の仕組みである。

正解　**5**

《問題106》———特別区

難易度 ★★

特別区に関する記述として、正しいものはどれか。

1　特別区は、普通地方公共団体であり、大都市の特例として都道府県が処理することができる事務の全てを処理する権限を有する。

2　都と特別区及び特別区相互間の財源の均衡化を図るため、都と特別区をもって任意に設置されるのが都区協議会である。

3　特別区は、一般の市町村と機能と権能が異なるので、地方自治法では、基礎的な地方公共団体には当たらないとされている。

4　特別区に対する都知事の関与は、市町村に対する知事の関与と同じく、特別区の事務の運営その他の事項について適切と認める技術的な助言又は勧告のみをすることができる。

5　都は、都が課税する地方税のうち一定のものの収入額に条例で定める割合を乗じて得た額を、条例により交付金として交付する。

●解説

　特別区は、都の区であり、原則として市に関する規定が適用され、実質的には市とほぼ同じである。特別区の特例として、都と特別区・特別区相互間の財源の均衡化を図るため、都は、特別区財政調整交付金を交付する。

1　誤り。特別区は、特別地方公共団体であり（法1条の3第3項）、市に属する事務を処理することはできるが、都道府県が処理する事務を処理する権限は有しない（法281条2項）。

2　誤り。都区協議会は、都と特別区及び特別区相互の間の連絡調整を図るため必ず設けられる（法282条の2第1項）。

3　誤り。都と特別区との役割分担の原則では、特別区は、基礎的な地方公共団体と規定されている（法281条の2第2項）。

4　誤り。都知事は、特別区に対し、技術的な助言又は勧告のほかに、事務の処理の基準を示すなど必要な助言又は勧告をすることができる（法281条の6）。

5　正しい。特別区財政調整交付金は、特別区がひとしくその行うべき事務を遂行することができるように交付する制度である（法282条）。

正解　5

《問題107》────認可地縁団体

 難易度 ★

認可地縁団体に関する記述として、正しいものはどれか。

1 良好な地域社会の維持及び形成に資する地域的な共同活動を行うことを目的としていれば、これから活動を開始する団体も地縁による団体となれる。

2 地縁による団体が市町村の認可を受けるには、地域的な共同活動のため不動産又は不動産に関する権利等を保有し、又は保有する予定であることが必要である。

3 一定の要件を満たした認可地縁団体が所有する不動産については、市町村長が発行した証明書により、認可地縁団体が単独で登記の申請ができる。

4 地縁による団体とは、町会・自治会などをはじめ環境美化など地域的な共同活動を行うボランティアによる団体なども広く含まれる。

5 認可を受けた地縁による団体であっても、政治活動の自由を有し、特定政党のための活動を行うことは当然にできるとされている。

●解説

　「地縁による団体」とは、町又は字の区域その他市町村の一定の区域に住所を有する者の地縁に基づいて形成された団体（町会・自治会等）である。地縁による団体は、市町村の認可を受けたときは、その規約に定める目的の範囲内において、権利義務の帰属主体となる。
　令和3年の次の2点の改正に留意されたい。
①認可を受けるための目的の改正。改正前は「地域的な共同活動のための不動産又は不動産に関する権利等を保有するため」に限定されていたが、改正後は「地域的な共同活動を円滑に行うため」とされ、不動産等を保有する予定の有無にかかわらず認可が可能に（法260条の2第1項）。
②デジタル改革の一環として、認可地縁団体の構成員の表決権行使について、書面に代えて、電磁的記録によることができる（法260条の18第3項）。
※令和4年改正では、認可地縁団体の合併手続が整備されるとともに、決議を書面等により行うことが可能となっている。

1　誤り。地縁による団体として認可を受けるためには、地域的な共同活動を現に行っていると認められることが必要である（法260条の2第2項1号）。

2　誤り。令和3年の改正により、地縁団体は「地域的な共同活動を円滑に行うため」認可を受けることができるようになった（法260条の2第1項）。

3　正しい。認可地縁団体が所有する不動産に係る不動産登記法の特例がある（法260条の46、260条の47）。

4　誤り。「地縁による団体」とは、町又は字の区域その他市町村内の一定区域に住所を有する者の地縁に基づいて形成された団体（町会・自治会等）をいう（法260条の2第1項）。

5　誤り。認可を受けた地縁による団体は、特定の政党のために利用してはならないとされている（法260条の2第9項）。

正解　3

《問題108》————公の施設①

難易度　★

公の施設に関する記述として、正しいものはどれか。

1　普通地方公共団体は、公平と平等を確保するため、全ての者に対して公の施設の利用について、一切の差別的取扱いをすることが禁じられている。

2　公の施設とは、住民の利用に供するための施設であり、住民が訪れる庁舎や純然たる研究施設も公の施設に該当するとされている。

3　公の施設は、その設置に関する事項について、法律又は政令に特別の定めがあるものを除き、条例又は規則でこれを定めなければならない。

4　公の施設は不動産である土地、建物に限られるので、動産である移動図書館、移動検診車などは公の施設には該当しない。

5　普通地方公共団体は、その者に公の施設を利用させると他の利用者に著しく迷惑を及ぼす危険があることが明白な場合には、住民が公の施設を利用することを拒むことができる。

●解説

公の施設とは、住民の福祉を増進する目的をもって設置され、かつ、住民の利用に供するための施設である。福祉の増進という目的は幅広いものであり、安全、健康、教育、学術、文化、産業振興などが関係する。

1 誤り。普通地方公共団体は、住民が公の施設を利用することについて、不当な差別的取扱いをすることが禁じられており（法244条3項）、合理的な理由があれば差別的取扱いができる余地はある。

2 誤り。公の施設とは、住民の利用に供するための施設であり、普通地方公共団体が使用する庁舎や、利用者が限定される純然たる研究施設は公の施設に該当しない。法244条1項参照。

3 誤り。公の施設の供用開始に当たっては、通常その旨の意思表示を必要とし、法律又は政令に特別の定めがあるものを除き、条例でこれを定めなければならない（法244条の2第1項）。

4 誤り。公の施設は必ずしも土地、建物に限られるものではなく動産であっても公の施設に当たる。

5 正しい。法244条2項、最判平7.3.7、最判平8.3.15。

正解 **5**

《問題109》———公の施設②

公の施設に関する記述として、正しいものはどれか。

1　公の施設とは、住民の福祉を増進する目的で住民の利用に供するために、普通地方公共団体がその区域内に限り設けることができる施設である。

2　条例で定める重要な公の施設のうち条例で定める特に重要なものの設置及び廃止については、議会において出席議員の３分の２以上の者の同意を得なければならない。

3　公の施設は、それを設置した普通地方公共団体の住民の利用に供するための施設であり、主として他の地方公共団体の住民の利用に供するための観光ホテルや物品陳列場などは、公の施設ではない。

4　公の施設は、住民の利用に供するために設ける施設であるので、法律又は政令に特別の定めがない限り、その利用について使用料を徴収することはできない。

5　公の施設は、住民の福祉を目的として設置される施設であるから、社会秩序の維持という公益の目的で設置される留置場は、公の施設に当たる。

●解説

公の施設については、第一に、正当な理由がない限り、住民の利用を拒んではならない。第二に、住民の利用について不当な差別的取扱いをしてはならない。なお、利用については、使用料を徴収できる。

1 誤り。普通地方公共団体は、その区域外においても関係普通地方公共団体との議会の議決を経た協議により、公の施設を設けることができる（法244条の3第1項）。

2 誤り。議会において出席議員の3分の2以上の者の同意を得なければならないのは、重要な公の施設のうち特に重要なものを廃止、又は条例で定める長期かつ独占的な利用をさせるときであり、設置については通常の多数決による（法244条の2第2項）。

3 正しい。公の施設は、それを設置した普通地方公共団体の住民の利用に供することが主である施設である。

4 誤り。公の施設は、条例で定めることにより、使用料を徴収することができる（法225条、228条）。

5 誤り。公の施設は、住民の福祉を目的として設置される施設であるから、社会公共の秩序を維持するために設置される留置場は、公の施設に当たらない。

正解 3

《問題110》―――公の施設③

難易度 ★★

公の施設に関する記述として、正しいものはどれか。

1　地方自治法には、住民の利用という点に着目した「公の施設」という概念とともに、施設の物的側面に着目した「営造物」という概念が規定されている。

2　普通地方公共団体は、原則として、公の施設の設置及びその管理に関する事項は、条例又は規則で定めなければならない。

3　普通地方公共団体が、公の施設の管理を行わせるため法人その他の団体を指定するときは、あらかじめ当該地方公共団体の議会の議決を要する。

4　普通地方公共団体は、その区域外においても、国及び関係地方公共団体との協議により、公の施設を設けることができる。

5　普通地方公共団体が、当該地方公共団体の住民と他の地方公共団体の住民とで、公の施設の使用料に差を設けることは、不当な差別的取扱いに当たる。

P&C 参照ページ
126、128ページ

●解説

1 誤り。「公の施設」は物的施設を中心とした概念であり、人的要素は必ずしも必要ではないとされ、物的施設のみからなる道路、墓地なども公の施設に当たる。なお、地方自治法に「営造物」に関する定めはない。

　なお、道路は住民だけが利用するわけではないが、住民の利用に供する以上、公の施設である。

2 誤り。普通地方公共団体は、法律又はこれに基づく政令に特別の定めがあるものを除くほか、公の施設の設置及びその管理に関する事項は、条例でこれを定めなければならない（法244条の2第1項）。

3 正しい（法244条の2第6項）。

4 誤り。法244条の3第1項参照。公の施設の区域外設置について、国との協議は不要である。

5 誤り。住民が公の施設を利用することについて、不当な差別的取扱いをすることは禁止されている（法244条3項）が、本条項は他の地方公共団体の住民に対する利用拒否・制限や差別的取扱いについては触れていない。憲法14条に違反することはできないものの、著しく多額の利用料を徴する等は適当でないにせよ、当該住民を他の地方公共団体の住民に比してある程度優先的に利用させること等は許されると解されており、肢が直ちに不当な差別的取扱いに当たるとはいえない。

　なお、当該住民についても、公の施設の利用者の所得に応じて利用料を減免することは、不当な差別的取扱いに当たらず（合理的な取扱いの差異として）、許されると解されている。

正解 3

《問題111》——指定管理者①

難易度 ★★

指定管理者に関する記述として、正しいものはどれか。

1 指定管理者制度は、普通地方公共団体が、民間に公の施設の管理を行わせる制度をいい、個人も指定管理者として指定することができる。

2 指定管理者制度は、公の施設の民間への管理委託を可能とする制度であり、必要性の判断基準は設置目的を効果的に達成するということである。

3 指定管理者を定めた場合、その施設の利用料金は、条例の定めるところにより、原則として普通地方公共団体が自らの判断で定めるとされている。

4 指定管理者は条例により指定されるが、指定の手続、管理の基準、業務の具体的範囲などは、規則により定めることができる。

5 指定管理者は、普通地方公共団体からの求めがない限り、公の施設の管理の業務に関し、事業報告書を提出する必要はない。

●解説

　普通地方公共団体は、公の施設の設置の目的を効果的に達成するために必要があると認めるときは、条例の定めるところにより、その管理を法人その他団体でその普通地方公共団体が指定するものに行わせることができる。

1　誤り。普通地方公共団体は、法人その他の「団体」に、公の施設の管理を行わせることができ、個人を指定管理者に指定することはできない（法244条の2第3項）。

2　正しい。法244条の2第3項。

3　誤り。利用料金は、原則として指定管理者が決めることができるが、公的な監督を確保するために、指定管理者は普通地方公共団体の承認を受けておかなければならない（法244条の2第9項）。

4　誤り。指定管理者制度を導入する場合、条例により、指定の手続、管理の基準、業務の具体的範囲などを定め（法244条の2第4項）、指定管理者の指定には、あらかじめ議会の議決を経なければならない（同条6項）。

5　誤り。指定管理者は、毎年度終了後、公の施設の管理業務に関し事業報告書を作成し、当該施設を設置する普通地方公共団体に提出しなければならない（法244条の2第7項）。

正解　2

《問題112》——指定管理者②

難易度 ★★

指定管理者に関する記述として、正しいものはどれか。

1　指定管理者は、条例の定める範囲内で公の施設の管理を行うが、管理している公の施設について使用許可を行うことはできない。

2　普通地方公共団体は、公の施設の管理について、当該団体が2分の1以上を出資している法人又は公共的団体のみを指定管理者に指定できる。

3　指定管理者制度については、施設の業務内容が定型的な場合には、期限を定めずに指定し、指定の解除は地方公共団体の予告により行う。

4　普通地方公共団体は、指定管理者の指定をしようとするときは、あらかじめ、当該普通地方公共団体の議会の議決を経なければならない。

5　公の施設の利用にかかる料金は、公の施設の利用の対価であるので、指定管理者は当該料金を収入として収受することはできない。

●解説

　指定管理者の指定手続や管理の基準・業務の範囲などは条例で定めるとともに、指定は期間を定めて行い、あらかじめ議会の議決を経なければならない。指定管理者は、毎事業年度終了後、事業報告書を提出しなければならない。

1　誤り。使用料の強制徴収（法231条の３）、行政財産の目的外使用許可（法238条の４第７項）など法令により長のみが行うことができる権限を除き、条例で定めるところにより、使用許可を含め指定管理者に行わせることができる（平15.7.17通知）。

2　誤り。法人その他の団体であって普通地方公共団体が指定するもの（指定管理者）に公の施設の管理を行わせることができる（法244条の２第３項）とされ、民間事業者を指定管理者に指定することができる。

3　誤り。普通地方公共団体による指定管理者の指定は、期間を定めて行う（法244条の２第５項）。

4　正しい。法244条の２第６項。

5　誤り。普通地方公共団体は、適当と認めるときは、利用料金を指定管理者の収入として収受させることができる（法244条の２第８項）。

正解　4

231

《問題113》━━━地方自治の意義

難易度　★

地方自治の意義に関する記述として、正しいものはどれか。

1　一つの地方公共団体にのみ適用される特別法の制定については、国会の議決に加え、当該地方公共団体の議会の投票において過半数の同意を得る必要がある。

2　団体自治とは、地方公共団体が国家からは独立した別個の統治主権として、その区域と住民を統治することを意味するとされている。

3　地方公共団体の長を議会が選出するいわゆる議院内閣制を採ることは、地方自治の本旨である住民自治に反しないから制度上は可能である。

4　住民自治とは、国等による地域団体の関与を必要最小限にとどめて、地方公共団体の事務は地域団体の創意と責任で処理させる考え方である。

5　地方公共団体の組織及び運営に関する事項については、地方自治の本旨に基づいて、法律でこれを定めることとされている。

●解説

　地方自治とは、一定の地域の住民が、その地域において、その意思によって、住民のための事務を行うことを意味する。その権限は、国家から独立して認められるものではなく、国家の法制度の下で保障されるものである。

1　誤り。当該地方公共団体の住民の投票において過半数の同意を得なければ、国会は肢のような特別法を制定できない（憲法95条）。

2　誤り。団体自治とは、その団体が国からの干渉を受けずに自主的な決定、運営を行うことを意味している。国家から独立した権限が保障されているわけではない。

3　誤り。住民自治のひとつの形態としては考えられるが、憲法93条2項に違反するので制度上は不可能である。

4　誤り。肢の内容は、「団体自治」の内容である。

5　正しい。肢の内容は、憲法92条に定められている。

正解　5

《問題114》──── 協議会

難易度★★★

地方自治法に定める普通地方公共団体の協議会に関する記述として、正しいものはどれか。

1 普通地方公共団体は、事務の管理及び執行について連絡調整を図るため、協議会を設置することができるが、この協議会の設置に当たっては、関係する普通地方公共団体の議会の議決を経る必要はない。

2 普通地方公共団体の協議会が作成した広域にわたる総合的な計画は、法的拘束力を持ち、計画に従わない関係普通地方公共団体には罰則が適用できる旨、規定されている。

3 普通地方公共団体の協議会の会長及び委員は、一般職でかつ常勤の関係地方公共団体の職員から選任することとされており、特別職や非常勤の職員は選任することができない。

4 普通地方公共団体の事務の一部を共同して管理し及び執行するための協議会を設ける場合の協議会の規約には、当該協議会の担任する事務に従事する関係普通地方公共団体の職員の身分取扱いについて必要に応じて定めることができる。

5 普通地方公共団体の協議会が、関係普通地方公共団体又はその長その他の執行機関の名においてした事務の管理及び執行は、当該協議会が管理し及び執行したものとしての効力を有する。

●解説

　普通地方公共団体の協議会は、広域にわたる行政の必要に応じ地方公共団体の区域を越えた合理的な行政の運営をできるようにすることを目的とするもの。①地方公共団体の事務の一部の共同管理執行をするため、②地方公共団体の事務の管理執行について連絡調整を図るため、③広域にわたる総合的な計画を共同して作成するために設置することができるものとされる。

1　正しい。協議会を設置する際、原則は議会の議決を経た協議によって規約を定めるところ、事務の管理及び執行について連絡調整を図るために協議会を設置する場合は、関係普通地方公共団体の議会の議決は不要である（法252条の2の2第3項）。

2　誤り。協議会が広域にわたる総合的な計画を作成したときは、関係普通地方公共団体は当該計画に基づいてその事務を処理しなければならないが（法252条の2の2第5項）、違反した場合の罰則は規定されていない。

3　誤り。協議会の会長及び委員は、常勤又は非常勤とし、関係地方公共団体の職員のうちから選任されると規定されており（法252条の3第2項）、常勤・非常勤であるとを問わず、また、特別職・一般職であるとを問わない。

4　誤り。事務の一部を共同して管理し及び執行するため普通地方公共団体の協議会を設ける場合には、協議会の規約に、協議会の担任する事務に従事する関係普通地方公共団体の職員の身分取扱いについて規定を設けなければならない（法252条の4第2項3号）。

5　誤り。関係普通地方公共団体の長その他の執行機関が管理し及び執行したものとしての効力を有する（法252条の5）。

正解　1

《問題115》———地方公共団体の区域①

難易度 ★★

地方公共団体の区域の変更に関する記述として、正しいものはどれか。

1 法律で別に定めるものを除くほか、従来地方公共団体に属していなかった地域を都道府県又は市町村の区域に編入する必要があると認めるときは、総務大臣がこれを定める。

2 地方公共団体の区域変更のうち、法人格の変動を伴うものを境界変更といい、法人格の変動を伴わないものを廃置分合という。

3 都道府県の廃置分合又は境界変更は、関係都道府県の議会の議決を経た申請に基づき、内閣が国会の承認を経て定めるとされている。

4 都道府県の境界の変更にわたる市町村の設置を伴う市町村の廃置分合又は境界変更は、関係普通地方公共団体の申請に基づいて総務大臣が定める。

5 都道府県知事は、市町村の廃置分合の計画を定めても、市町村の自主性を尊重する主旨から、この計画を関係市町村に勧告することはできない。

●**解説**

　廃置分合とは、地方公共団体の廃止又は新設、あるいはその両方を伴う区域の変更をいう。また、境界変更とは、廃置分合と異なり、地方公共団体の廃止又は新設を伴わない区域だけの変更をいう。

1　誤り。所属未定地域の編入は、利害関係があると認められる都道府県、市町村の意見を聴いて、内閣が定める（法7条の2第1項）。

2　誤り。法人格の変動を伴うものを「廃置分合」、法人格の変動を伴わないものを「境界変更」という。

3　誤り。都道府県の廃置分合又は境界変更は、原則として法律で定める（法6条1項）。ただし、2以上の都道府県の廃止による1の都道府県の設置と、1の都道府県の廃止とその区域の他の都道府県への編入は、関係都道府県の申請に基づいて、内閣が国会の承認を経て定める（法6条の2）。

4　正しい。法7条3項。

5　誤り。都道府県知事は、市町村の廃置分合の計画を定め、これを関係市町村に勧告できる（法8条の2第1項）。

正解　**4**

《問題116》————地方公共団体の区域②・市町村合併

難易度 ★★

地方公共団体の区域又は市町村合併に関する記述として、正しいものはどれか。

1　合併の一層の推進を図るため、平成19年には、新たに合併の特例等に関する法律が施行され、合併特例債の制度が創設されるなど財政的な優遇措置が強化された。

2　市町村の合併に際して、関係市町村は、合併後の一定期間、関係市町村を単位として、普通地方公共団体である合併特例区を設けることができる。

3　市町村の廃置分合又は境界変更は、関係市町村が都道府県知事と協議のうえ、総務大臣に直接届け出ることとされており、総務大臣の告示により効力を生ずる。

4　市町村合併の背景として、市町村の財政状況が好転し地方分権の気運が高まったことや、少子高齢化社会へ備えて地方公共団体の体質強化を図ろうとしたことが指摘できる。

5　市町村の合併の特例に関する法律では、都道府県は、市町村の求めに応じ市町村の合併に関する助言、情報の提供その他の措置を講ずることや合併しようとする市町村の求めに応じ市町村相互間における必要な調整を行うこととされている。

●解説

　いわゆる平成の大合併は、市町村財政基盤の強化、少子高齢化への対応、行政サービス水準の維持・向上、行政の効率化の推進、広域化する行政課題への対応などの要請から推進された。

1　誤り。財政面での優遇措置のあった旧特例法は、平成17年3月末で失効し、合併特例債などの財政支援措置はなくなった。

2　誤り。合併後の一定期間、関係市町村を単位として設けられる「合併特例区」は、特別地方公共団体とされている（市町村の合併の特例に関する法律27条）。

3　誤り。市町村の廃置分合又は境界変更は、関係市町村の申請に基づき、都道府県知事が当該都道府県議会の議決を経て定め、総務大臣に届け出ることとされている（法7条1項）。

4　誤り。後段は正しいが、市町村財政が悪化する中で市町村財政の基盤強化の必要性が高まったことが、合併の背景として指摘できる。

5　正しい。市町村の合併の特例に関する法律では、市町村の合併について、国、都道府県等の協力について定められている（市町村の合併の特例に関する法律58条3項・4項）。

正解　**5**

《問題117》―――地方公共団体の事務①

難易度 ★★

地方公共団体の事務に関する記述として、正しいものはどれか。

1　普通地方公共団体は、自治事務及びその他の事務で法律又はこれに基づく政令により処理することとされるものを処理するとされており、自治事務の中には法定受託事務も含まれる。

2　第一号法定受託事務とは、地方公共団体が処理する事務のうち、国が本来果たすべき役割に係るものであって、都道府県においてその適正な処理を特に確保する必要があるものとして法律又はこれに基づく政令に特に定めるものをいう。

3　普通地方公共団体は、法令に違反しない限りにおいて条例を制定することができるが、法定受託事務に関しては、条例を制定することができない。

4　各大臣は、所管する法令に係る都道府県の法定受託事務の処理について、都道府県が当該法定受託事務を処理するに当たりよるべき基準を定めることができる。

5　法定受託事務に係る都道府県の執行機関の処分についての審査請求は、他の法律に特別の定めがある場合を除くほか、当該都道府県の知事又は当該処分に係る事務を規定する法令を所管する各大臣に対してするものとされる。

●解説

　普通地方公共団体は、地域における事務及びその他の事務で法律又はこれに基づく政令により処理することとされているものを処理する（法2条2項）。

　事務は、自治事務と法定受託事務に区分される。自治事務は、法定受託事務以外の事務をいい（法2条8項）、法定受託事務とは、

①国が本来果たすべき役割に係るものであって、国においてその適正な処理を特に確保する必要があるもの（以下「第一号法定受託事務」という）

②都道府県が本来果たすべき役割に係るものであって、都道府県においてその適正な処理を特に確保する必要があるもの（以下「第二号法定受託事務」という）

がある（法2条9項）。

1　誤り。自治事務と法定受託事務は区分される（法2条8項・9項）。

2　誤り。第一号法定受託事務は市町村又は特別区にもある（法2条9項1号）。

3　誤り。普通地方公共団体は、法令に違反しない限りにおいて法2条2項の事務に関し、条例を制定することができることとされており（法14条1項）、法定受託事務についても条例を制定できる。

4　正しい。法245条の9第1項。

5　誤り。当該処分に係る事務を規定する法律又はこれに基づく政令を所管する各大臣に対して行うこととされ（法255条の2第1項1号）、当該都道府県の知事にはできない。

正解　4

《問題118》────地方公共団体の事務②

難易度 ★★

地方公共団体の事務に関する記述として、正しいものはどれか。

1 法定受託事務のうち、第一号法定受託事務は都道府県が本来果たすべき役割に係る事務であり、第二号法定受託事務は国が本来果たすべき役割に係る事務である。

2 都道府県と市町村は、基本的には対等・協力の関係にあるので、その事務を処理するに当たっては、相互に競合しないようにしなければならない。

3 普通地方公共団体の議会は、法定受託事務については、書類等の検閲や執行機関の報告の請求により、事務の管理執行を検査することができない。

4 市町村及び特別区は、当該都道府県の条例に違反してその事務を処理することはできず、これに違反して行った行為は取り消すことができる。

5 自治事務は、法令により地方公共団体が処理することとされている事務であり、具体的な事務の種類については地方自治法の別表に列挙されている。

● 解説

　市町村は、基礎的な地方公共団体として、都道府県が処理するものを除き、一般的に、地域社会に密着した事務を処理し、都道府県は、広域事務、連絡調整事務、補完事務を処理するものとされている。

1　誤り。第一号法定受託事務は国が本来果たすべき役割に係る事務であり（法2条9項1号）、第二号法定受託事務は都道府県が本来果たすべき役割に係る事務である（法2条9項2号）。

2　正しい。都道府県も市町村も基本的には同じ地域の事務を処理するものであるから、競合が全くないとはいえず、相互にこれを回避すべき義務がある（法2条6項）。

3　誤り。法定受託事務も普通地方公共団体の事務である以上、議会の検査の対象となる（法98条）。

4　誤り。都道府県の条例に違反して行った市町村及び特別区の行為は、無効である（法2条16項・17項）。

5　誤り。自治事務とは、地方公共団体が処理する事務のうち、法定受託事務以外の事務をいう（法2条8項）。また、自治事務には、法律により義務付けられていないものもある。

正解　2

《問題119》———国と普通地方公共団体との関係①

難易度★★★

国と普通地方公共団体との関係に関する記述として、正しいものはどれか。

1　普通地方公共団体に対する国の関与とは、是正の要求などの行為を指すが、助言には強制力がないので関与には当たらない。

2　普通地方公共団体に対する国又は都道府県の関与の原則は、その固有の資格において名あて人となる関与のほか、民間等と同じ立場で名あて人となる関与に適用される。

3　都道府県の執行機関の市町村に対する是正の勧告は、自治事務の処理が法令に違反しているとき、又は著しく適正を欠き、かつ、明白に公益を害しているとき、各大臣の指示により行う。

4　都道府県の執行機関の市町村に対する是正の指示は、市町村の法定受託事務の処理が法令に違反しているとき、又は著しく適正を欠き、かつ、明らかに公益を害しているときに行う。

5　法定受託事務も普通地方公共団体の事務である以上、関与の類型及び配慮義務については、自治事務とは差がみられない。

●解説

　普通地方公共団体は、その事務の処理に関し、法律又はこれに基づく政令によらなければ、国または都道府県の関与を受け、又は国又は都道府県の関与を要することとされない。また、関与は必要最小限とすることとされている。

1　誤り。普通地方公共団体に対する国の関与には、助言・勧告も含まれる（法245条1号イ）。

2　誤り。普通地方公共団体に対する国又は都道府県の関与の原則は、普通地方公共団体が民間等と同じ立場で対象となる行為については適用されない（法245条1項）。

3　誤り。都道府県の執行機関の市町村に対する是正の勧告は、各大臣の指示を受けることなく行う（法245条の6）。これに対し、都道府県の執行機関の市町村に対する是正の要求は、各大臣の指示がある場合に行われる（法245条の5第2項・3項）。

4　正しい。法245条の7第2項。

5　誤り。関与の類型については、自治事務については、①助言または勧告、②資料の提出の要求、③是正の要求、④協議の4類型が原則的であり、法定受託事務については、①、②のほか、③同意、④許可・認可・承認、⑤指示、⑥代執行、⑦協議の7類型が原則とされている（法245条の3）。

正解　4

《問題120》————国と普通地方公共団体との関係②

難易度★★★

国と普通地方公共団体との関係に関する記述として、正しいものはどれか。

1 各大臣は、市町村長の法定受託事務の管理又は執行が法令に違反する場合に、他の方法での是正が難しく、放置することが著しく公益を害することが明らかであるときは、代執行の措置ができる。

2 国等が是正の要求等をした場合に、地方公共団体がこれに応じた措置を講じず、かつ、国地方係争処理委員会への審査の申出もしないとき等に、国等は違法確認訴訟を提起できる。

3 法定受託事務は、国又は都道府県においてその適正な処理を特に確保する必要がある事務であるから、国又は都道府県の関与は、目的達成に必要な限り制限されない。

4 国の行政機関は、普通地方公共団体の申出に基づいて意見を述べる際、意見の趣旨及び内容を記載した書面の交付を求められたとしても、応じる義務はない。

5 普通地方公共団体は、その事務の処理に関し、地方自治法又は同法に基づく政令によらなければ、国又は都道府県の関与を受け、又は要することとされることはない。

●解説

　普通地方公共団体に対する国又は都道府県の関与は、国又は都道府県の機関が行う、①助言又は勧告、②資料の提出の要求、③是正の要求、④同意、⑤許可、認可又は承認、⑥指示、⑦代執行、⑧地方公共団体との協議をいう。

1　誤り。市町村長の法定受託事務に対する代執行は、都道府県知事が行う。各大臣は、市町村長の第一号法定受託事務の管理又は執行についての代執行に関し、知事に対し必要な指示をすることができる(法245条の8第12項・13項)。

2　正しい。平成24年の地方自治法の改正により、肢のような場合に、国等による地方公共団体の不作為の違法確認訴訟制度が創設された（法251条の7、252条）。

3　誤り。法定受託事務についても、自治事務と同じく、普通地方公共団体に対する国又は都道府県の関与は、その目的を達成するために必要な最小限度のものとしなければならない（法245条の3第1項）。

4　誤り。助言、勧告その他これに類する行為を書面によらないで行った場合、書面の交付を求められたときは、これを交付しなければならない（法247条1項）。

5　誤り。普通地方公共団体に対する国又は都道府県の関与の法定主義（法245条の2）について、ここでいう「法」は地方自治法に限らない。

正解　2

《問題121》———国と普通地方公共団体との関係③

難易度★★★

国と普通地方公共団体との間の紛争処理に関する記述として、正しいものはどれか。

1 自治紛争処理委員は、普通地方公共団体相互間又は普通地方公共団体の機関相互間に紛争があるときに、総務大臣が、当事者の申請に基づき又は職権により任命する。

2 紛争を処理するために、国地方係争処理委員会は勧告をする権限を持つが、自治紛争処理委員は、調停案を提示するにとどまり、勧告することはできない。

3 国と普通地方公共団体の間の紛争が生じたときは、自治紛争処理委員の調停を経て、国地方係争処理委員会の審査に付される。

4 自治紛争処理委員が行った調停に不服があるときは、高等裁判所に対して、訴えをもってその取消しを求めることができる。

5 国地方係争処理委員会の審査の申出の対象となるのは、関与のうち、処分その他の公権力の行使に当たるもの、不作為、協議の3つである。

●解説

　普通地方公共団体に対する国の関与に関する争いを処理するため、総務省に国地方係争処理委員会が設けられている。また、普通地方公共団体相互間の係争処理のため、自治紛争処理委員制度が設けられている。

1　誤り。自治紛争処理委員は、都道府県又は都道府県の機関が当事者となるものにあっては総務大臣、その他のものにあっては都道府県知事が任命する（法251条の2第1項）。

2　誤り。国地方係争処理委員会も、自治紛争処理委員も、国・都道府県の関与等について勧告権限を付与されている（法250条の14第1項〜第3項、251条の3第5項）。

3　誤り。自治紛争処理委員は、普通地方公共団体間の係争処理のために設けられるものであり、国と普通地方公共団体の間の紛争に係る調停は行わない。

4　誤り。自治紛争処理委員が行う調停は、委員が調停案を作成して、これを当事者に示して受託を勧告し、当事者の全てがこれを受託したときに成立するから（法251条の2）、取消しを求める訴訟の対象にはならない。なお、自治紛争処理委員の審査（協議に係る関与を除く）の結果等に不服があるときは、高等裁判所に訴えを提起することができる（法251条の6）。

5　正しい。国地方係争処理委員会は、国の関与のうちこの3種について不服がある場合に審査の申出をすることができる（法250条の13第1〜3項）。

住民

《問題122》————住民

難易度 ★★

住民に関する記述として、正しいものはどれか。

1 日本国民たる年齢満18年以上の者で6箇月以上市町村の区域内に住所を有する者は、当該普通地方公共団体の議会の議員及び長の選挙権を有する。

2 住所を有するとは、その区域内に居住していれば足りるので、一時的な災害避難による滞在もこれに含まれるとされている。

3 住民は普通地方公共団体の構成要素であり、その意思に基づいて住民自治が保障されているから、住民であるためには、自然人及び日本国民であることを要する。

4 一つの市町村の区域内に住所を有する者は、当然に当該市町村を包括する都道府県の住民になるわけではないとされている。

5 住民であるためには、市町村の区域内に住所を有していれば足り、住民登録などの公証的行為は必要としないとされている。

●解説

　住民は、普通地方公共団体の構成要素のひとつであり、普通地方公共団体の区域内に住所を有する者をいう。市町村の区域内に住所を有する者は、当該市町村及びこれを包括する都道府県の住民としての地位を有する。

1　誤り。選挙権は、引き続き3箇月以上市町村の区域内に住所を有する者が有する（法18条）。

2　誤り。住所を有するとは、生活の本拠があることを意味し（民法22条）、災害避難などによる一時的な滞在は含まれない。

3　誤り。住民は自然人に限らず、法人も含まれる。また、外国人も含まれる。外国人については、平成24年に外国人登録法が廃止され、短期滞在者などを除いて、外国人住民についても住民基本台帳法が適用される。

4　誤り。市町村の区域内に住所を有する者は、当然に当該市町村を包括する都道府県の住民となる（法10条1項）。

5　正しい。市町村の区域内に住所を有する者は、当該市町村及びこれを包含する都道府県の住民とする（法10条1項）。住民登録などの公証的行為は必要としない。

正解　5

《問題123》───地方独立行政法人

難易度　★★

　地方独立行政法人に関する記述として、正しいものはどれか。

1　地方独立行政法人は、設立団体である普通地方公共団体とは別法人であるので、業務の実績について設立団体から評価を受けることはない。

2　地方独立行政法人の制度は、普通地方公共団体が行っている事務・事業のうち、試験研究機関や大学の事務に限り、別の法人格を有する団体に行わせるものである。

3　地方独立行政法人の制度によれば、公共施設の建設、維持管理、運営等について、民間の経営能力および技術を活用して効率的かつ効果的に事業を行うことができる。

4　地方独立行政法人のうち、大学及び高等専門学校の設置・管理を行うものについても、地方独立行政法人の名称が使われている。

5　地方独立行政法人を設立する普通地方公共団体の長は、議会の議決を経て3年以上5年以下の期間において中期目標を定めることとされている。

●解説

地方独立行政法人は、普通地方公共団体が自ら主体となって直接に実施する必要がない事務・事業のうち、民間に委ねた場合には必ずしも実施されないおそれがあると認めるものを、効率的、効果的に行わせることを目的として設立する。

1 誤り。地方独立行政法人は、各事業年度の業務実績等について、長の評価を受ける（地方独行法28条１項）。長は、その評価結果の当該法人への通知、公表及び議会への報告を行う（同条５項）とともに、その評価の結果に基づき必要があると認めるときは、当該法人に対し、業務運営の改善その他の必要な措置を講ずることを命ずることができる（同条６項）。

2 誤り。地方独立行政法人は、試験研究機関や大学の事務のほか、公営企業に相当する事業、社会福祉事業の経営、申請等の処理に関する一定の事務などを行うことができる（地方独行法21条）。

3 誤り。地方独立行政法人は、民間の主体に委ねた場合に必ずしも実施されないおそれがあるものと認める事務・事業について設立する（地方独行法２条１項）。

4 誤り。大学及び高等専門学校の設置・管理を行うものについては、地方独立行政法人の名称に代えて、「公立大学法人」とするとされている（地方独行法68条１項）。

5 正しい。長は、中期目標を当該独立行政法人に指示するとともに、公表する（地方独行法25条１項）。

正解 5

地方自治法よく出る問題123問　第7次改訂版 © 2024年、公法問題研究会

2010年（平成22年）　9 月17日　初版第 1 刷発行
2011年（平成23年）12月27日　第 1 次改訂版第 1 刷発行
2013年（平成25年）　5 月29日　第 2 次改訂版第 1 刷発行
2014年（平成26年）　2 月28日　第 2 次改訂版第 2 刷発行
2015年（平成27年）　7 月27日　第 3 次改訂版第 1 刷発行
2016年（平成28年）10月16日　第 3 次改訂版第 2 刷発行
2018年（平成30年）　4 月27日　第 4 次改訂版第 1 刷発行
2019年（令和元年）　9 月 2 日　第 4 次改訂版第 2 刷発行
2020年（令和 2 年）　4 月24日　第 5 次改訂版第 1 刷発行
2021年（令和 3 年）　5 月19日　第 5 次改訂版第 2 刷発行
2022年（令和 4 年）　3 月30日　第 6 次改訂版第 1 刷発行
2024年（令和 6 年）　4 月17日　第 7 次改訂版第 1 刷発行

定価はカバーに表示してあります。

編　　者　　公 法 問 題 研 究 会
発 行 者　　大　　田　　昭　　一
発 行 所　　公　　　職　　　研

〒101-0051
東京都千代田区神田神保町 2 丁目20番地
TEL03-3230-3701（代表）
03-3230-3703（編集）
FAX03-3230-1170
振替東京　6-154568
https://www.koshokuken.co.jp/

ISBN978-4-87526-445-3 C3031

落丁・乱丁は取り替え致します。　PRINTED IN JAPAN

印刷　日本ハイコム㈱

ISO14001 取得工場で印刷しました。

◆本書の一部または全部を無断で電子化、複製、転載等することは、一部の例外を除き著作権法上禁止されています。

昇任試験必携 地方自治法のポイント整理とチェック
定価◎本体1,850円＋税

昇任試験必携 地方公務員法のポイント整理とチェック
定価◎本体1,750円＋税

単元ごと見開きで構成。左ページでその単元のポイントを解説し、右ページで○×形式の習得チェック問題を掲載しています。「よく出る」シリーズとの併用を！

地方公務員法よく出る問題108問
定価◎本体1,950円＋税

政令市、中核市で一番売れている択一問題集。「ポイント整理とチェック」シリーズとのリンクを実現。両書の併用で、理解がよく深まる！

重点ポイント昇任試験時事問題 (年度版)

その年の昇任試験に出るテーマを厳選。幅広い分野の「時事問題」が5肢択一で学べる、自治体昇任試験対策の人気の書籍です。
定価◎本体1,950円＋税

キーワードで書ける頻出テーマ別合格論文答案集

【職場・職務系】と【政策系】の頻出18テーマを徹底分析。最新政策情報を盛り込んだ、答案例豊富な論文対策の新バイブル。
定価◎本体1,900円＋税

事例で学べる行政判断　係長編
定価◎本体1,800円＋税

事例で学べる行政判断　課長編
定価◎本体1,850円＋税

職場で起こる様々な事例への対処法を択一問題演習で学ぶ。リーダーシップとは、判断力とは何かを原点にかえって学ぶ一冊。同ジャンル唯一の問題集！

必ず合格できる昇任面接対策法
定価◎本体1,600円＋税

一般式・事例式の多様な面接方式、どんな質問にも対応できる応用力養成に！
